W0040316

Lord Driver und die McGolfs

Thomas Mokrusch

Lord Driver und die McGolfs

Das (fast) wahre
Leben am Golfplatz
von St. Elsewhere

KOSMOS

Umschlaggestaltung von eStudioCalamar
unter Verwendung einer Illustrationen von Silke Bachmann.

Unser gesamtes lieferbares Programm und viele
weitere Informationen zu unseren Büchern,
Spielen, Experimentierkästen, DVDs, Autoren und
Aktivitäten finden Sie unter **kosmos.de**

Gedruckt auf chlorfrei gebleichtem Papier

© 2011, Franckh-Kosmos Verlags-GmbH & Co. KG, Stuttgart.
Alle Rechte vorbehalten
ISBN: 978-3-440-13013-1
Redaktion: Rachel de Heuvel
Produktion: Constanze Schäfer
Printed in The Czech Republic/Imprimé en République Tchèque

Inhalt

Words before Golf

John Lord Driver McGolf, genannt Lord Driver, war mit seinen einundsechzig Jahren eine stattliche Erscheinung. Mit seiner Größe von knapp zwei Metern und seinem Gewicht von 105 kg (morgens, vor dem Frühstück, und er war es gewohnt ausgiebig zu frühstücken) machte er ganz schön was her. Da konnte man schon vergessen, dass der Clan, aus dem der ehrenwerte Lord Driver McGolf abstammte, längst verarmt war. Die McGolfs waren eine schottische Adelsfamilie, von der man nur noch den Familiennamen kannte, den dafür weltweit, da er einer ganzen Sportart den Namen gab: Golf. (Übrigens: Auch die Iren erheben Anspruch auf den Namen und die Herkunft des Golfspiels. Fairerweise muss gesagt werden, dass die McGolfs natürlich aus dem Clan der Munro stammten, von dem nicht endgültig nachgewiesen werden kann, ob seine Mitgliedsfamilien vor dem 11. Jahrhundert ursprünglich vielleicht doch nicht aus Schottland sondern aus Irland kamen. *Anm. des Verfassers*)

Die Einwohner des kleinen schottischen Dorfes St. Elsewhere, das einen Tagesritt nördlich von St. Andrews lag, respektierten und mochten ihn nicht nur wegen seiner Statur, sondern wegen seiner ehrlichen, direkten schottischen Art. Er konnte fröhlich sein, singen und lachen (vor allem nach dem fünften Whisky), er konnte aber auch zupacken, z. B. um einem Freund bei der Arbeit zu helfen, oder auch einmal, um einen Streit zu schlichten, wie er im kleinen dorfeigenen Pub „The Old Mist" schon einmal auftreten konnte. Sein äußeres Markenzeichen aber war sein gewaltiger Schnurrbart. Ein rotblonder Schnauzer von einer solchen Pracht, wie man ihn lange suchen musste, dick und an den Enden leicht nach oben angezwirbelt. Die Spielstärke von Lord Driver? Handicap 18–20, seit Jahren hin und her pendelnd.

Elisabeth Lady Iron McGolf war eine zarte Erscheinung – zumindest was das Äußere anging. Sie war einige Jahre jünger als ihr Gatte, erst vierundfünfzig, und sie war so klein und von geringem Körpergewicht, dass man ihr raten wollte, sich beim Abschlag vor den schottischen Winden in Acht zu nehmen. Äußerlich erschien sie so sehr schutzbedürftig, aber sie war ohne Zweifel durchsetzungsfähig und hatte vor allem ihren Gatten fest im Griff. Zumindest in vielen Dingen des Lebens. Nicht umsonst nannte man sie die „Eiserne Lady", Lady Iron, und weil sie in der fünften Generation zum Clan dazugehörte, war sie „Lady Iron 5". Was wäre ihr Gatte nur ohne sie! Wenn er – schon wieder einmal – seinen 250-Meter-Drive unauffindbar in das hohe Rough gesetzt hatte, musste sie die Situation im Viererspiel mit Auswahldrive meistens dadurch retten, dass sie einen ihrer gekonnten schnurgeraden Abschläge hinterherplatzierte. Der war dann nur 170 Meter lang, aber der Ball lag irgendwie immer spielbar. Handicap 15, will aber noch 12 erreichen, was sie wohl auch noch schaffen wird.

An dieser Stelle beginnt eine kleine Golfgeschichte, die Geschichte des schottischen Golfclans der McGolfs. Zwei der Hauptakteure sind jetzt schon im Spiel, einige andere werden noch dazukommen. Da sind z. B.:

William Young Lord Socket McGolf (Lord Socket), der einunddreißigjährige Sohn der beiden, der schlechteste Spieler im Club, spielt deshalb auch selten, hat aber zwei gut geratene Söhne:

Chip (fünf) und Pitch (acht), die beiden Enkel von Lord Driver, auf welche dieser so richtig stolz ist. Haben schon eigene Schläger, einen eigenen Kopf und der Opa ist vernarrt in die beiden. Chip hat noch kein Handicap, aber wie er immer zu Pitch sagt: „Ich hab bald ein Handicap so alt, wie ich bin, und du auch, dann bin ich immer besser als du!"

Heather Young Lady Fairway McGolf (Lady Fairway), die vierundzwanzigjährige Tochter, die alle in Grund und Boden spielt. Sehr attraktiv, lacht viel, Handicap 11.1, steuert einstellig an.

Und dann waren da noch die Mitglieder der ganzen erweiterten Sippschaft, die alle irgendwie noch zum Clan dazugehörten, wie z. B. Lord Sandwedge, oder Rescue, der Caddy, Miss Rough, die Haushälterin, Mister Putter, der Trainer, Sir Bunker und der alte McMulligan, um nur einige zu nennen. Doch dazu später mehr …

Ja, und natürlich nicht zu vergessen, der Club:
Jeder Golfer weiß: Der älteste Golfclub und der berühmteste Golfclub der Welt, beide kommen aus Schottland. 1744 wurde von The Gentlemen Golfers Of Leith der erste offizielle Golfclub gegründet (heute The Honerable Company Of Edinburgh Golfers) und 1754, ebenfalls an der Ostküste, The Royal And Ancient Golf Club Of St. Andrews, der heute noch die offiziellen Golfregeln festlegt.
Weitgehend unbekannt ist hingegen, dass schon 1588 im beschaulichen Städtchen St. Elsewhere, County Angus, vom ehrenwerten Lord Alan McGolf (aus der Familie McGolf, die wiederum dem Clan der McGolf zugehörig waren) ein privater Club gegründet worden war: The Most Ancient Golf Club Of St. Elsewhere. Lord Alan hatte hierfür einen Platz in den Links genutzt, auf dem die McGolfs damals schon seit mehreren Jahrhunderten regelmäßig versucht hatten, einen kleinen Ball in unwirtlichem Gelände mit einem Schläger in ein weit entferntes Loch zu verbringen. Hier an dieser historischen Stätte spielen unsere Geschichten, allerdings nicht in grauer Vergangenheit, sondern in der heutigen Zeit. Alle diese Geschichten sind wahr, und sie sind genauso real wie der Golfclub selbst. Die eine oder andere Begebenheit könnte aber auch erfunden sein, und Ähnlichkeiten mit lebenden Personen oder Größen des Golfsportes könnten durchaus gewollt sein.

9

Die McGolfs haben so viel zu einem wunderbaren Spiel beigetragen, dass sie es unbedingt verdienen, in der großen Literatur verewigt zu werden. Die Zeit ist reif, dass ihre Geschichte erzählt wird. Hier ist sie, aufgeteilt in einige kurze Episoden, die jeweils als "pars pro toto" eine Besonderheit des Clans und des Spiels beschreibt. Der Autor wünscht viel Freude bei der Lektüre und hofft, dass der lesende Golfer hiervon auch für sein Spiel profitiert – was immer das heißen mag …

Gute Unterhaltung!

1 › Die (fast) perfekte Golfer-Ehe

Es soll sie geben, die perfekte Golfer-Ehe! Warum das so ist, das wissen die Götter, denn gibt es überhaupt die perfekte Ehe? Und gibt es den perfekten Golfer?

Lady Iron war außer sich. Ihr Mann – Lord Driver – hatte wieder einmal den ganzen Abend durchfeiern müssen. Mit seinen Freunden – auch Edward McDonald war dabei – war er im „Old Mist" gesessen, dem traditionellen Golfer-Pub des Dorfes, und dabei hatten sie heute ihr Jahresspiel mit den McDonalds. Edward und Mary McDonald waren entfernte Verwandte aus dem hohen Norden Schottlands. Traditionell trafen sie sich immer am vierten Sonntag im Mai zu einem Viererflight. Der Termin stand also schon lange fest, so wie er in jedem Jahr schon lange feststeht, und der Gastgeber betrinkt sich sinnlos! Er würde jetzt sagen: „Was hast du nur, meine kleine Fee, man kann sich doch gar nicht sinnlos betrinken – das hat immer seinen Sinn!" Ja, was soll's! Sie hatte irgendwann schon vor langer Zeit aufgegeben, ihn erziehen zu wollen. Das war genauso aussichtslos, wie einem Ochsen das Golfen beibringen zu wollen (wobei fairerweise gesagt werden muss, dass sich der Ochse wahrscheinlich noch etwas motivierter anstellen würde).

Die McDonalds waren bereits am Abend zuvor eingetroffen und hatten bei ihnen genächtigt. Man hatte beschlossen, diesmal einen Vierer mit Auswahldrive zu spielen. Lord Driver hatte den ersten Abschlag. Er war richtig gut drauf – fast ausgeschlafen und fast wieder nüchtern nahm er seine Ansprechposition ein und stand da wie ein Fels. Es folgte ein mächtiger Rückschwung und danach ein gewaltiger Durchschwung. Der Schlägerkopf näherte sich gnadenlos dem Ball und katapultierte ihn mit einer unglaublichen Wucht vom Tee. Der Ball hob ab und flog enorm weit weg, leider auch enorm weit weg vom

Fairway. Man muss sich die Bahn 1 als Dogleg nach rechts vorstellen, nur schien der Ball das nicht zu wissen. Er zog es vor, nach links zu fliegen, nahm auch noch einen kleinen Draw an. Wahrscheinlich war hier der Ausblick auf eine unberührte Natur schöner, und das war zweifellos richtig, zumindest was die Unberührtheit anging, denn wo der Ball liegen blieb, gab es weit und breit keinen Golfplatz mehr. Lady Iron war erst einmal bedient, vor allem nachdem ihr Golfgatte auf seinen Schlag ganz stolz zu sein schien: Er sei doch schön weit geflogen! Nachdem Edward dann ebenfalls abgeschlagen hatte (übrigens nicht viel besser als Lord Driver, er war schließlich zur selben Zeit im selben Pub gesessen), nahm sie stocksauer und voller Wut ihr Eisen Fünf, schwang wie immer elegant durch, vielleicht eine Spur eleganter und eine Spur heftiger als sonst, und legte den Ball 140 Meter weiter sauber und gerade mitten aufs Fairway, mit schönem Blick auf das Grün. Nur – man ahnt es – als Lord Driver wieder am Zug war, verpasste er die gute Chance, indem er für die nächsten 170 Meter ein Eisen Zwei nahm (zwei Längen zu viel). Auch jetzt flog der Ball wieder richtig schön, richtig schön weit, weit hinter die weißen Begrenzungspfosten, die nur auf ihn zu warten schienen. Als Lady Iron dann wieder am Zug war, an der Stelle, wohin sie ihren Abschlag gesetzt hatte, fragte sie ihren Mann schon etwas säuerlich: „Sag mal, willst du mich eigentlich heute alleine spielen lassen?" Aber entweder verstand er ihre Ironie nicht oder er wollte nicht verstehen, jedenfalls lachte er nur lauthals: „Was hast du heute wieder einen wunderbaren Humor, meine kleine Fee!" Die Freude ihrerseits darüber hielt sich übrigens in Grenzen.

Der Mittelteil des Spiels ist schnell erzählt: Er lief ab wie eine typische (Golfer-)Ehe – Routine, Routine, Routine. Feine Annäherungen wechselten sich ab mit kleinen Ärgernissen beim Vorbei-Putten, üble Schläge wurden kompensiert durch die Freude über ein herrliches, schwungvolles Fairway-Erlebnis. Schimpfen über kleine Eskapaden – die Golfrunde als Lebensabschnitt. Aber dann kam das Finale …

Bahn 16 war ein kurzes Par 4, das es allerdings in sich hatte. Das Fairway war einigermaßen schmal, was ein hohes Maß an Präzision erforderte, sodass der Abschlag üblicherweise nicht mit dem Driver, sondern mit einem langen Eisen oder einem Holz Drei durchgeführt wurde. Nach weiteren 100–110 Metern war man schon am Grün – oder aber auch nicht! Verteidigt wurde dieses Grün auf beiden Seiten von einem unzugänglichen Rough, das liebend gerne Golf-Bälle schluckte und sie nicht mehr hergab. Vorne stand ein riesiger Ginsterbusch, hinter dem sich das Grün versteckte (was gut gelang, denn das Grün war selbst nicht viel größer als dieser Busch). Zusätzlich erschwert wurde diese Bahn noch dadurch, dass das Grün in alle Richtungen wellig und hügelig, ziemlich unberechenbar war. Und hinter dem Grün wartete noch ein ganz unangenehmer Bereich, der nannte sich „Out of bounds". Alles in allem war diese Bahn genau das Richtige für einen bereits total frustrierten Freizeit-Golfer, nicht jedoch für unseren Lord Driver. Diesem Draufgänger schien diese Herausforderung auch noch richtig Spaß zu machen! Selbstverständlich legte man hier nicht vor, er war ja nur noch 100 Meter von der Fahne entfernt. Das einzig Richtige hier war ein leichter, nicht zu schwungvoller Annäherungsschlag mit einem Sandwedge. Das Problem war nur, dass seine Sandwedge-Entfernung 90 Meter betrug, also Busch-Entfernung. Er schien dies vergessen zu haben. Seine Gattin wollte noch etwas sagen, ließ dies aber aus mehreren uns bekannten Gründen rasch wieder sein. Edward McDonald hatte die Rest-Ehre gehabt. Der alte Haudegen war nach seinem Abschlag mit Lord Driver gleichauf gelegen, hatte ein Eisen Neun genommen und den Ball in hohem Bogen direkt auf das Grün gelegt. Die Stimmung bei Lady Iron war am Tiefpunkt angekommen, man lag überdies schon zwei Schläge zurück. Ihr Gatte ging zum Abschlag, brabbelte noch etwas von „Kinderkram", stellte sich in Position, schwang durch und zwischen der Schlagfläche seines Sandwedge und dem Grün entwickelte sich ein wunderbarer Bogen, in dem der Ball flog – hoch hinauf in das Blau des schottischen Himmels, dann wieder sanft hinab in Richtung eines wunderschönen schottischen Grüns, auf einen schottischen Flaggenstock zu, wo er dann liegen blieb – in einer Entfernung, die man üblicherweise als „tot an der Fahne" bezeichnet. Der Rest war Formsache: Lady Iron puttete sicher ein, man spielte ein Birdie, die McDonalds leisteten sich noch ein Bogey und schon war das Spiel wieder offen.

Auf den letzten zwei Bahnen blieb es spannend, mit wechselnden Vorteilen für beide Parteien. Am Ende jedoch lagen Lord und Lady McGolf einen Schlag in Führung. Das gewonnene Match wurde dann offiziell mit dem obligatorischen Küsschen und dem Dank für das schöne Spiel beendet. Ach, was war das wirklich für ein schönes Spiel gewesen! Lord Driver war wieder einmal so stolz auf seine kleine Fee. Und wie war das auch für Lady Iron schön! Sie hatte doch den besten Ehemann von allen! Einträchtig auf der alten verwitterten Holzbank vor dem Clubhaus sitzend, gingen die vier Spieler gemeinsam noch einmal jede einzelne Bahn durch und überprüften die Ergebnisse. Die Score-Karte ließ jedoch keine Zweifel zu: Man hatte gewonnen! So ein schöner Tag mit ihrem Mann und Golfpartner, und den McDonalds hatte man es seit langem wieder einmal so richtig gezeigt. Diesmal mussten die McDonalds die Einladung zum Dinner übernehmen, inkl. aller Getränke – und was das bei ihrem Mann heißen kann, haben wir am Anfang der Geschichte ja gehört.

Und wieder einmal war bewiesen, dass es die (fast) perfekte Golfer-Ehe doch wirklich gibt!

2 › Eine Blamage kommt selten allein

Sir Bunker war so etwas wie ein Unglücksrabe. Eigentlich war er gar kein so schlechter Spieler, aber irgendwie gelang es ihm immer, seinen Ball in irgendeine Sandgrube zu setzen, die es auf dem Links-Course seines Heimatvereins zuhauf gab.

Beim letzten Ausbau des Platzes vor sechs Jahren hatte doch wirklich der Landschaftsbauer (heute würde man sagen, der Golfplatz-Designer), ein Neffe seines Konkurrenten aus einem Nachbarort, mit voller Absicht noch einige solcher Sandkuhlen künstlich dazugebaut, wahrscheinlich um Sir Bunker zu ärgern. Jedenfalls begannen die Leute schon, diese Sandkuhlen tatsächlich nach ihm zu benennen! (Lag dein Ball nach dem Abschlag auf der 13 auch im „Bunker"?)

Eines Tages war es wieder so weit. Sir Alasdair Bunker konnte sein jährliches Turnier ausrichten. Schließlich war er nicht nur Bürgermeister von St. Elsewhere, sondern auch ein erfolgreicher Geschäftsmann in Sachen Angus-Rinder. Und so hieß dann dieses Turnier offiziell „The Big Cattle Cup", inoffiziell bekannt unter „Das Rindvieh-Turnier". Nein, ein Rindvieh war Sir Bunker nun wirklich nicht. Er kam allerdings aus einer Bauernfamilie mit traditionellem Viehbetrieb. Seit Generationen hatte vor allem die Rinderzucht der Familie immer zu einem guten Auskommen verholfen, aber erst die internationalen Geschäfte des jüngsten Sprosses der Familie hatten den Durchbruch gebracht. Sir Bunker wurde zum größten Steuerzahler der Gemeinde und somit hochgeachtet. Er wurde bereits viermal hintereinander zum Bürgermeister gewählt und wird dieses Amt wahrscheinlich auch noch auf unbestimmte Zeit innehaben, vor allem nachdem er im letzten Jahr von der Queen zum Ritter geschlagen wurde und ihm der Titel eines „Sir" verliehen worden war. Privat war er ein netter Kerl. Auch nachdem er zu einem gewissen Reichtum gekommen war, war er stets bescheiden geblieben, ebenso seine Frau und seine sechs Kinder, die alle mittlerweile beruflich und privat gut situiert waren. Besonders stolz war er auf seine ersten drei Enkel, sicher würden es auch noch einige mehr werden.

Privates Glück, beruflicher Erfolg, Ansehen – alles war reichlich vorhanden, aber dennoch, es war nicht alles eitel Sonnenschein. Es gibt einen alten schottischen Spruch: „Glück im Spiel – Pech in der Liebe." Dieser Spruch musste für Sir Bunker umgedichtet werden in: „Glück in der Liebe – Pech im Spiel." Dies kam so:

Schon als junger Mann hatte Alasdair Bunker angefangen Golf zu spielen. Nun war das in Schottland nichts Besonderes, schon gar nicht im ältesten Golfclub der Welt, aber Alasdair hatte bei seinem Spiel rasch eine Besonderheit bemerkt, und nicht nur er hatte das festgestellt, auch seine Mitspieler. Und zwar pflegte er seinen Ball sehr viel häufiger als seine Mitspieler in einem Hindernis wiederzufinden, vorzugsweise in einer der Sandkuhlen, von denen es in den Links ausreichend gab. Rasch lernte er damit umzugehen und entwickelte eine Schlagtechnik, die es ihm erlaubte, den Ball in perfekter Weise aus dem Sand zurück aufs Fairway oder auf das Grün zu spielen – hoch, kurz und präzise. Natürlich brauchte er dazu einen besonderen Schläger, den ließ er sich von seinem Freund Lord Sandwedge entwickeln, der daraus dann ein richtiges Geschäft machte. Doch das ist eine andere Geschichte. Sir Bunker lernte also, mit seinem Missgeschick umzugehen. Doch auch dies half nicht immer, und damit sind wir schon mitten in unserer heutigen Geschichte.

„Alasdair, heute schaust du aber einmal, dass du nicht jeden zweiten Ball in den Sand setzt!", diesen Ratschlag hatte ihm seine treusorgende Gattin vor dem „Big Cattle Cup"-Turnier noch mit auf den Weg gegeben (daher der Ausspruch „In den Sand setzen", Anm. des Autors). „Mit wem bist du denn im Flight?" Sir Bunker pflegte bei den Turnieren, die er selbst ausrichtete, auch selbst mitzuspielen. Manchmal gewann er sogar einen der Preise, auf den er dann aber jedes Mal natürlich verzichtete. „Ich habe Young Lord Socket McGolf und Mr. Yip bei mir, wir spielen in einem Dreier-Flight", rief er seiner Frau zurück, die sich gerade in ihre Golfhose zwängte. „Oh je", war die Antwort, nichts sonst, nur „Oh je!".

Young Lord Socket McGolf war nicht gerade für seine Spielstärke bekannt, im Grunde war er der schlechteste Spieler im Club. Und da er das wusste, spielte er selten, und er spielte ansonsten nur früh-morgens oder spätabends im ersten bzw. letzten Sonnenlicht, wenn er allein war und sich auch nicht beobachtet fühlte.

Mr. Yip kam aus einer Ausländerfamilie. Keiner aus dem Dorf wusste eigentlich genau, woher die Familie stammte, aber die Yips waren „die Ausländer". Auch wusste keiner aus dem Dorf mehr, wann sie nach Schottland gekommen waren. War das im 20. Jahrhundert, oder war es gar schon im 19. gewesen? Oder noch früher? Es waren jedenfalls, wie gesagt, „die Ausländer". Irgendwie sahen sie auch so anders aus, konnte man meinen, wenn man lange genug hinsah (was natürlich keiner tat, aus Anstand, man hat ja nichts gegen Ausländer, aber immerhin!). Manche Dorfbewohner fanden, sie sprächen auch so komisch, manchmal jedenfalls, wenn man ganz genau hinhörte! Und überhaupt! Und ihre Angewohnheiten – daran sah man schon die Herkunft. Die Herkunft, ja die war eindeutig im Ausland zu suchen, manche wussten von einer Auswanderung aus Indonesien zu berichten, andere hatten aus sicherer Quelle erfahren, dass einer der frühen Vorfahren ein Eskimo gewesen war oder wenigstens ein Eng-länder. Jedenfalls war die Familie heute schon fast als schottisch zu bezeichnen, da sie sich durch vielfältiges Einheiraten wenigstens einigermaßen in den Clan integriert hatte, heißt, so seit ungefähr 6 oder 7 Generationen.

Mit Mr. Yip war die Sache folgendermaßen: Er hatte regelmäßig sehr schöne, ruhige Abschläge, ziemlich gute, exakte Fairwayschläge und auch noch relativ brauchbare Annäherungen. Aber auf dem Grün wurde er zum Chaoten. Da fing er an, über die Zuverlässigkeit des Grasbewuchses zu spekulieren, diskutierte, auch mit sich selbst, über die Undulationen des Grüns, versuchte, Puttlinien zu berechnen, und bezog sogar die Windverhältnisse mit ein – bei einer Puttlänge von 25 cm. Der ruhige, besonnene Mann, der er noch beim Abschlag war, hatte sich in ein zittriges und schwitzendes Nervenbündel verwandelt, je näher er dem Loch gekommen war. Hier auf dem Grün war er nicht mehr ansprechbar, nicht mehr kontaktfähig.

Um 9 Uhr 40 hatte der Flight seine Startzeit. Mit einem Handicap von 18,4 hatte Sir Bunker die Ehre. Mit gewohnter Selbstsicherheit und siegessicherem Lächeln schritt er zum Abschlag, polierte vorher noch einmal vor aller Augen seinen Driver mit dem Logo-Balltuch des Clubs, nahm seine Position ein, platzierte den Ball auf seinem Tee, nahm einen ruhigen Rückschwung, und mit einem starken Abschlag dirigierte er seinen Ball dann zielsicher in den nächsten Sandbunker.

Tja, da war sie wieder einmal, die self-fulfilling prophecy! Er hatte noch kein Mittel dagegen gefunden. Im Zusammenhang mit seinem Namen dachte man mittlerweile automatisch an die Sandkuhlen, ob natürlich oder künstlich, die es auf so einem schönen Golfplatz nun mal gab. Auch er selbst dachte nur noch daran, wie er den **Sandbunker** vermeiden könnte, wie er dem **Sandbunker** ausweichen könnte, wie er dann aus dem **Sandbunker** wieder herausspielen würde. Der **Sandbunker** war fest in seinem Kopf verankert. Wahrscheinlich gab es in seinem Kopf fest verdrahtete Verschaltungen von Nervenzellen, die schicksalhaft dafür sorgten, dass der Ball in jedem Fall immer Ziel auf einen **Sandbunker** nahm. So ergab sich dann die Flugbahn ganz von alleine.

Lord Socket hatte üblicherweise eigentlich gar keinen guten Abschlag. Er traf den Ball meist so unglücklich, dass er – statt geradeaus zu fliegen, wie es Aufgabe eines guten schottischen Golfballs gewesen wäre – lieber eine Bahn nahm, die, sagen wir mal, eher zur Seite zeigte. So flog der Ball häufig nicht 200 Meter weit, sondern vielleicht 20 Meter, und er landete nach Beendigung seiner Flugbahn nicht auf dem Fairway, sondern im Rough rechts oder links neben dem Abschlag, im Brunnen des Clubhauses, auf der Mütze eines unglücklich dastehenden Zuschauers oder sonst wo an unpassender Stelle. Diesmal jedoch traf Lord Socket seinen Ball hervorragend, er flog weit und nahm sogar eine passende Richtung. Alle waren erstaunt, am meisten er selbst, und es gab Beifall allenthalben. Für alle drei Spieler verlief das weitere Spiel auf der ersten Bahn richtig gut. Am Ende kam Mr. Yip ans Grün und beide Mitspieler warteten auf das große Chaos, das er bald verbreiten würde. Aber nichts geschah. Mr. Yip wurde wohl etwas nervös und brauchte zwei Putts für eine Puttentfernung von drei Metern, aber so etwas kennen wir alle, das lässt sich wohl verkraften. Mit einem gewissen Gefühl von Unsicherheit ging Sir Bunker zum Abschlag der Bahn Zwei.

Bahn Zwei ist ein mäßig langes Par 5, geht immer geradeaus, mit ziemlich welligem Fairway – und vor allem nur einem einzigen Bunker, was vor allem Sir Bunker fröhlich stimmte. Also ging er ganz zuversichtlich, trotz seines Bunker-Missgeschicks auf der ersten Bahn, auf den Abschlag zu. Doch da geschah das Unfassbare: Er traf den Ball nicht richtig, erwischte ihn mit der Innenseite des Schaftes, sodass er im rechten Winkel zur gewünschten Flugbahn davonflog: Er hatte das getan, was sonst nur Lord Socket gelang, er hatte einen richtigen „Socket" geschlagen! Das gab es doch gar nicht. Wie konnte das passieren? Sir Bunker war erschrocken, wurde dann unruhig und schließlich wütend. So eine Blamage! Er wusste gar nicht, was er sagen sollte. Gottseidank hatte das außer seinen beiden Flightpartnern niemand gesehen – oder? War da nicht jemand auf der Straße entlanggefahren und hatte aus dem Auto heraus gegrinst? Hatte da nicht Lord Sandwedge von der Bahn Siebzehn herübergewunken? Oh je, man hatte ihn wahrscheinlich beobachtet und würde jetzt über ihn lachen und nach dem Turnier wieder über ihn reden!

Sir Bunker spielte die Bahn mit einem gerade noch akzeptablen Doppel-Bogey, seine Laune hatte jedoch deutlich gelitten. Jetzt ging es auf die Drei. Die Bahn Drei ist ein mittellanges Par-4-Loch mit einigen Sandbunkern, die zum Teil gemauert sind. Diese schwierigen Topfbunker stellen normalerweise für Sir Bunker kein Problem dar. Schließlich ist er ja der Spezialist für solcherart besondere Umstände. Da, wo andere verzweifeln, ist er mit seinem Spezialschläger derjenige, der seinen Ball meist mit dem ersten Schlag wieder aus dem Sand zurück auf das Fairway befördert. Heute aber war alles anders. Sein Abschlag mit einem Eisen 3 war akzeptabel. Bis zur Fahne beträgt die Entfernung 308 Meter, mit dem zweiten Schlag lag er bereits auf dem Grün. So weit so gut, aber irgendwie hatte er ein komisches Gefühl im Bauch, irgendwie war heute ein seltsamer Tag. Nachdem Lord Socket mit dem vierten Schlag endlich auf dem Grün angekommen war und Mr. Yip den fünften Putt gebraucht hatte, um näher an der Fahne zu sein als Sir Bunker, war er jetzt an der Reihe zu putten.

War es das Wetter, hatte er vielleicht etwas Unrechtes gegessen oder was war hier eigentlich los? Er konnte seinen Putter nicht ruhig halten! Erst schwenkte dieser von selbst, wie eine Wünschelrute, hin und her, sodass er seine Puttlinie gar nicht anvisieren konnte, dann zuckte plötzlich seine linke Hand, so als hätte er statt des Schlägergriffs ein Schwachstromkabel vom Elektrozaun angefasst, mit dem er seine Rinder im Zaum hielt. Was war denn los? Er konzentrierte sich. Schließlich war er Geschäftsmann und gewohnt, sich von aufkommenden Problemen nicht verwirren oder gar entmutigen zu lassen. Also sagte er sich: „Du weißt doch, was du willst, der Ball soll jetzt ins Loch, schau zu, dass du ihn jetzt reinbringst!" Dies sagte er sich, still in Gedanken, mehrfach hintereinander, als wäre es ein Mantra, so wie er es einmal in einem Managerseminar in Edinburgh gelernt hatte. Bislang hatte das auch immer geklappt, aber heute war – wir wissen es bereits – alles anders. Er puttete seinen Ball links vorbei, na ja, schließlich betrug die Puttlänge ja auch vier Meter. Aber Schuld war dieses Zucken in der linken Hand gewesen, und das ärgerte ihn. Seine beiden Mitstreiter hatten schon eingelocht, sogar Mr. Yip, und sahen ihm jetzt interessiert zu. Den zweiten Putt setzte er auf eine Entfernung von nur noch einem Meter rechts vorbei (das Zucken in der linken Hand). Jetzt waren es nur noch 40 Zentimeter, jetzt würde er diesem grausamen Spiel ein Ende bereiten. Er hatte seine Selbstsicherheit wiedergewonnen, er wusste, er würde es jetzt schaffen, er würde das Zucken in der Hand besiegen, er würde einlochen, er würde als Sieger vom Platz gehen. Schließlich war er Sir Bunker, der erfolgreiche Rinderzüchter, der Bürgermeister, der Ausrichter dieses Turniers. Und schließlich war das alles ja nur ein einmaliger Ausrutscher, es würde nie wieder passieren. Ruhig und selbstsicher, so wie vor dem ersten Abschlag, so wie immer, trat er an den Ball, nahm seine Position ein, sprach den Ball an, in aller Ruhe, und schob den Ball schließlich mit einem scheußlichen Zucken, diesmal in beiden Händen, zwei Handbreit am Loch vorbei. Jetzt war alles aus! Vor solchen Nieten wie Lord Socket und Mr. Yip hatte er sich lächerlich gemacht, hatte sich blamiert bis auf die Knochen. Sah er da nicht ein hämisches Grinsen auf dem Gesicht von Mr. Yip, hatte da nicht Lord Socket etwas zu Mr. Yip genuschelt, als er gerade zum Putten schritt? Man würde über ihn reden, man würde über ihn lachen, der ganze Club, das ganze Dorf, die ganze Welt würde ihn nur noch milde belächeln.

Nie wieder würde er zum Bürgermeister gewählt werden, man würde ihm aus dem Wege gehen, Freunde, Verwandte, alle würden ihn meiden. Wahrscheinlich würden auch seine Rinder krank werden, die Preise würden fallen, seine Firma würde Verluste machen und schließlich vom schlimmsten Konkurrenten aufgekauft werden, wahrscheinlich zu einem Spottpreis. Alles was er sich in seinem Leben mühsam aufgebaut hatte – verloren und verflogen an einem einzigen Tag, bei einem einzigen Golfspiel, auf einer einzigen Bahn …

Langsam kam er wieder zu sich. „Was mache ich hier eigentlich?", fragte er sich laut. Mr. Yip lächelte immer noch. „Du hast einen Strich", konstatierte Lord Socket, und damit hatte er recht. Er brauchte nicht mehr weiterzuspielen, die Regel besagt, dass man den Ball aufheben soll, wenn man keinen Punkt mehr erzielen kann. Und dies war jetzt der Fall. Was war sonst noch passiert? Lord Socket sprach laut sein ehrliches Bedauern über dieses „Missgeschick" aus, Mr. Yip lächelte nicht mehr, keine Häme war zu spüren, und es hatte auch niemand zugesehen, außer seinen beiden Mitspielern. Was war sonst noch passiert? Er hatte eine Bahn aufgeben müssen, keine Punkte erzielt. Er hatte schlecht gespielt, war völlig kontrollunfähig gewesen. Schließlich konnte er es besser, das wussten ja alle. Also – was war eigentlich passiert? So richtig konnte er es sich nicht erklären. Aber so wie das Zucken in der Hand gekommen war, so verschwand es wieder. Lag es am wunderschönen Wetter heute, oder an der Freundlichkeit und echten Zuneigung seiner beiden edlen Mitstreiter? War alles nur ein böser Traum gewesen und würde dieser Traum jetzt verfliegen und niemals wiederkehren? Er hatte so ein Gefühl, als wäre alles wieder so wie zu Beginn des Spiels.

Die Geschichte von Bahn Vier bis Achtzehn ist schnell erzählt. Sir Bunker erspielte insgesamt 38 Stableford-Punkte und verbesserte sein Handicap, Lord Socket spielte eine (für ihn) richtig gute Runde mit 30 Punkten und freute sich wie ein kleiner König, oder wenigstens wie ein Earl, war richtig glücklich. Und Mr. Yip, ja der absolvierte alle Grüns mit einer unglaublich stoischen Ruhe, puttete ruhig wie noch nie und kam schließlich auf satte 33 Punkte. Nur auf der letzten Bahn, da war wieder so eine seltsame Unruhe in seiner rechten Hand zu spüren, oder war es diesmal vielleicht die linke?

3 › Golf ist entwicklungsfähig

Ein kleiner Golfclub, auch wenn er der älteste der Welt ist, hat es schon schwer, wenn seine Mitgliederschaft einen gewissen schottischen Eigensinn bei der Interpretation von Regeln an den Tag legt. Vor allem dann, wenn der große, berühmte Nachbarclub auch noch selbst diese Regeln bestimmt und überwacht. Und vor allem dann, wenn die eigenen Mitglieder bei der Regelauslegung sehr selbstbewusst und kreativ sind...

„Ach herrje, jetzt liegt mein Ball out of bounds! So was Dummes." Ein Satz, den man tagtäglich, so oder ähnlich, auf allen Golfplätzen der Welt hört. Wir alle kennen natürlich die „Offiziellen Golfregeln" in der jeweils aktuellen Version, und nach Regel 27-1b ist es eindeutig so, dass man dann, wenn der Spielball ins Aus gelangt, diesen oder einen anderen Ball mit einem Strafschlag unter Distanzverlust weiterspielen muss (... so muss der Spieler mit einem Strafschlag einen Ball so nahe wie möglich der Stelle spielen, von der der ursprüngliche Ball zuletzt gespielt wurde). Man sollte jedenfalls meinen, dass diese Regel eindeutig formuliert sei.

„Ja, ich weiß, das könnte man so interpretieren", meinte Lord Sandwedge, als er am letzten Mittwoch beim wöchentlichen clubinternen Herrenturnier seinen Ball nach einem langen Abschlag auf Bahn Neun dort vorfand, wo man ihn nicht gerne vorfindet, nämlich gut positioniert zwar, nur leider hinter weißen Pfosten liegend. „Also, über den Strafschlag müssen wir noch einmal reden! Was heißt denn schon „unter Distanzverlust"? Natürlich verliere ich Distanz, wenn ich den Ball aus so einer ungünstigen Lage spielen muss, wo er erstens im hohen Rough liegt und außerdem mein Schwung durch diese weißen Pfosten auch noch behindert wird!" Lord Sandwedge war außer sich. Er hatte einen so schönen Ball geschlagen, ihn so satt getroffen, dass er schnurgerade geflogen war, auch noch genau in die richtige Richtung – nur zugegeben eben etwas zu weit, sodass er jetzt out of bounds lag. Na und? Das soll ihm erst einmal einer nachmachen. So ein feiner Schlag war das! „Soll ich denn jetzt dafür bestraft werden, dass mir so ein guter Schlag gelungen ist?", wetterte er. „Und auch noch doppelt bestraft, einmal mit einem Strafschlag und dann auch noch mit Distanzverlust? Das kann doch wohl nicht wahr sein, da muss sich doch wohl einer getäuscht haben, als er so eine Regel formuliert hat." Seine Mitspieler stimmten ihm zu. Da konnte etwas nicht stimmen. Das konnte nicht die Bestimmung des Golfspiels sein, dass es sich stupiden, offensichtlich unausgegorenen Regeln unterwirft, die keiner versteht und die auch noch jeden Spaß zu nehmen versuchen. „Für ein gerechtes Golfspiel!", ertönte es da aus dem Munde von Lord Sandwedge, rasch gefolgt von der gemeinsam ertönenden Zustimmung seiner Mitspieler: „Jawohl, für ein gerechtes Golfspiel!"

Der Sinn für Freiheit und Gerechtigkeit war stark ausgeprägt im Clan der McGolfs, wahrscheinlich deshalb, weil noch ziemlich viel uralt-schottisches Blut in ihren Adern floss, geprägt von Jahrhunderten von Kämpfen mit Kampfgeist, Mut und Sinn für Gerechtigkeit, und so hatte man im Laufe vieler, zum Teil schwieriger Jahre mit quälenden Erkenntnissen und deprimierenden Zugeständnissen eingesehen, dass die ganze Welt die Regeln des bekannten Nachbarclubs anerkennt. Zumindest diese Tatsache musste man akzeptieren, die war nicht wegzuleugnen, auch wenn man es nicht verstand und tief im Inneren seiner Golferseele eigentlich nicht akzeptieren konnte (oder wollte).

Lord Sandwedge's Missgeschick auf Bahn Neun war kein Einzelfall an jenem Tag, Ähnliches hatte sich bereits auf den ersten acht Bahnen abgespielt, und es war die Rede gewesen von „Überarbeitung der Regeln", „Unsinnigen Entscheidungen" und „Die hochnäsigen Nachbarn vom bekannten Nachbarclub sollen sich mal auf ihre Vernunft hin überprüfen lassen". Auf Bahn Zehn nahmen die Ereignisse an jenem denkwürdigen Tag, der später in St. Elsewhere als der „Tag der Entwicklung zu einem modernen Golfspiel" bekannt werden sollte, wie folgt ihren Lauf:

„Was soll denn das nun schon wieder? Warum soll ich meinem Freund und Geschäftspartner, der extra aus den USA zu Besuch kommt und unseren schönen Platz schließlich gar nicht kennt, warum soll ich ihm denn keine Hilfestellung geben dürfen, warum soll ich ihm bitte nicht den Platz erklären dürfen? Was soll dieser Unsinn mit den zwei Strafschlägen? Schließlich heißt es in Regel 8-1, dass ich meinem Partner Belehrung erteilen darf! Und er ist schließlich mein Partner!" „Ja", versuchte ihn Sir Bunker zu beschwichtigen, „schon, natürlich ist das dein Partner, dein Geschäftspartner! Er ist dein Geschäftspartner, nicht dein Spielpartner in diesem Spiel. Hier im Spiel ist Brian (der US-Amerikanische Freund von Lord Sandwedge, Anm. des Verfassers) *mein* Partner. Und *meinem* Partner darfst du keine Belehrung erteilen! Das gibt zwei Strafpunkte." Lord Sandwedge war schon wieder außer sich. „Das kannst du unmöglich im Ernst meinen, Alasdair. Was glaubst du, was Brian von mir denkt, wenn ich mit solchem Firlefanz auffahre. Ich will mir nicht meine Geschäftspartner dadurch vergraulen, dass ich sowohl ihm – nur weil er mich gefragt hat, welchen Schläger er bei den heutigen Windbedingungen nehmen sollte – als auch mir zwei Strafschläge auf das Punktekonto nehme. Ich denke ja gar nicht daran, so eine dämliche Regel anzuerkennen! Wo gibt es denn so was, wo bleibt denn da die Vernunft, wo die Verhältnismäßigkeit?"

Sir Bunker zog es vor, zunächst still zu sein, er musste nachdenken. So unsinnig war das gar nicht, was Arran da sagte. Da meldete sich Brian zu Wort, Brian der Amerikaner, Brian der lockere, Brian der Pragmatiker. „Ist doch o.k., Regeln hin oder her, wenn ich nicht hätte fragen dürfen, dann ist das mit den zwei Strafpunkten auch in Ordnung." Mit einem freundlichen Lachen wollte er weitergehen, aber da hatte er nicht mit dem unerschütterlichen schottischen Selbstverständnis seines Geschäftspartners gerechnet.

„Na hör mal, Brian!", widersprach ihm Lord Sandwedge, „wir halten unsere Regeln sehr hoch, wir achten sie und wir halten uns auch daran, aber in diesem Fall sind sie einfach falsch, zumindest nicht eindeutig, oder eben nicht gerecht. Du bist mein Partner, und ich darf dir auf dem Golfplatz helfen, wenn du mich darum bittest und wenn die Situation das erfordert. Auf keinen Fall darfst du darunter leiden, dass du meine Hilfe erbeten hast, das wäre doch wohl noch schöner!"

„Ach, lass gut sein, Arran", versuchte es der gute Brian noch einmal, er war eben Amerikaner. „Ich nehme die zwei Strafpunkte mit, habe wieder etwas gelernt, und wir haben weiterhin ein schönes Spiel. Was meinst du?" „Ich mache dir einen Vorschlag, Brian", kam Lord Sandwedge nun auf eine Idee. „Wir aus dem Clan der McGolfs waren es schließlich, die diesem Spiel seinen Namen gegeben haben. Wir waren es, die es zur Blüte und zur Berühmtheit gebracht haben. Und wir sind es, die dieses Spiel auch weiterentwickeln dürfen. Wo kämen wir denn da hin, wenn jeder so seine eigenen Entscheidungen (englisch: Decisions, Anm. des Verfassers) zu Recht und Gesetz erheben dürfte? Das steht uns zu, und nur uns! Und ich sage dir, du bist mein Partner, ich spiele gerne mit dir dieses Spiel, und ich werde dich nicht bestrafen dafür, dass du mich um eine kleine Gefälligkeit gebeten hast, denn ohne meine Hilfestellung hättest du diesen Schlag sowieso genauso gut gespielt. Ich schlage dir deshalb vor, dass es dein Verdienst war, dass wir die Regel 8-1 präzisieren konnten. Unsere Entscheidung (englisch: Decision, erneute Anm. des Verfassers) wird in die Literatur eingehen, das ist ein denkwürdiger Tag heute. Wir sollten das begießen!"

Und Arran Lord Sandwedge holte seine Whisky-Flasche aus seinem Bag, verteilte seine drei kleinen Stamper, die er seit Jahr und Tag immer bei sich trug, füllte sie mit einem guten Schluck Highland Single Malt aus seiner eigenen Destillerie und lud zur Feier des Tages zum Anstoßen ein. „Sláinte, meine Lieben", rief er, dies bedeutet so viel wie „cheers" oder „Prost", dann stießen sie die Gläser aneinander und kippten das gute Tröpfchen in durstige Kehlen. Ja, sie waren sich jetzt alle drei einig, dass sie dem Golfsport heute eine wichtige Regel geschenkt hatten. Wenn auch nicht komplett neu definiert, so doch wenigstens so eindeutig erläutert, dass jeder Golfspieler auf der Welt jetzt jederzeit genau wusste, wen er als Partner bezeichnen durfte und wem er Belehrung erteilen darf. Darauf durfte man schon stolz sein.

Ein schöner Golftag neigte sich seinem Ende zu im beschaulichen kleinen Örtchen St. Elsewhere an der schottischen Ostküste, in den herrlichen Links zwischen Land und Meer, zwischen Whisky und Wind, und bei unseren freundlichen Mitgliedern der Familie der McGolfs aus dem Clan der McGolfs, wo schließlich nur eines zählte: Wie viel Spaß hat es uns heute gemacht? Und: Wie viel Whisky haben wir noch übrig gelassen?

Die Freude am Spiel war es, welche die entscheidende Rolle dabei spielte, wie man mit Regeln umging. Durfte man von einem etablierten Spiel eigenmächtig die Regeln ändern? „Niemals!", würde jeder sagen, der gerne ein etabliertes Spiel spielt, vielleicht sogar noch professionell. Niemand käme auf die Idee, die Regeln des Schachspiels ändern zu wollen, nur weil es für die aktuelle Position der Spielfiguren gerade von Vorteil wäre. Aber wie war das bei den McGolfs? Hatten sie nicht selbst dieses Spiel erfunden? Waren sie es nicht gewesen, die einem weltweit verbreiteten Sport den Namen gegeben hatten? Hatten sie damit nicht auch das Recht, das Spiel und seine Regeln „dynamisch" weiterzuentwickeln? Der Leser mag sich seine Antwort auf diese Frage selbst geben, die richtige Antwort jedenfalls, ja, die richtige Antwort werden wir wohl nur in St. Elsewhere finden …

4 › Das jährliche Freundschaftsspiel

Schon der Titel dieser Geschichte macht einen stutzig, denn seit wann gibt es denn Freundschaft bei einem Golfturnier? Aber ob Sie es glauben oder nicht, auch im Golf und durch Golf können sich Freundschaften entwickeln.

Es war im Jahre des Herrn 1682, da fand im kleinen schottischen Städtchen Leith (einem Vorort von Edinburgh, der ja später noch einmal eine besondere Rolle für den Golfsport spielen sollte, s. a. Kapitel 31) ein Match zwischen Schottland und England statt. Der schottische Duke of York forderte zwei englische Adlige aus seinem Gefolge heraus, da diese behauptet hatten, Golf sei ein englischer Sport (lächerlich!). Der Duke wählte den zwar bürgerlichen, aber spieltechnisch versierten John Paterson als Partner und gewann die Partie (natürlich!). Von seiner Hälfte des Preisgeldes kaufte Paterson sich ein Haus, das bis 1960 unter dem Namen *Golfer's Land* existierte und vom ruhmreichen Sieg kündete.

Nicht immer jedoch behielten die Schotten die Oberhand, genauer gesagt eigentlich fast nie. So ging es auch den tapferen Spielern unseres kleinen Örtchens St. Elsewhere. Seit 1805 gab es hier die Tradition eines jährlichen Freundschaftsspiels (die mit wenigen Ausnahmen auch regelmäßig stattfanden, einige Turniere waren allerdings ausgefallen, z. B. wegen diverser Kriegswirren) gegen die befreundeten Golfer eines befreundeten Clubs aus dem befreundeten London. Seit dem ersten Turnier (das knapp verloren wurde) hatte man nur ganze 13 mal gewonnen, zwei Turniere gingen unentschieden aus und 166 hatte man verloren – keine gerade stolze Bilanz, und der letzte Sieg lag 55 Jahre zurück! Eigentlich war das auch kein Wunder! Die Engländer holten sich immer die besten Golfer aus aller Herren Länder in ihre Mannschaft, und unsere Einheimischen aus dem Clan der

McGolfs holten sich – na ja, immer die besten Golfer aus dem gesamten Örtchen St. Elsewhere. So waren die Voraussetzungen nicht ganz gerecht und die Chancen waren nicht gleich verteilt, wiewohl man ehrlicherweise zugeben musste, dass es ihnen gestattet war, auch auf Spieler aus der weiteren Umgebung zuzugreifen, inoffiziell durfte die Mannschaft sogar aus dem gesamten County Angus rekrutiert werden! Aber schaffte diese Regelung wirklich mehr Gerechtigkeit? So ein Spieler aus einem Nachbar-Clan, von dem weiß man ja gar nicht, ob er es wirklich ernst meint, ob er wirklich loyal zum Club steht! Vielleicht hatte ja ein Vorfahre von ihm einmal einen Streit mit einem Vorfahren der McGolfs gehabt? Möglicherweise hatte ein ernsthafter Grund für die Auseinandersetzung vorgelegen, und zumindest in einem der Fälle konnte nicht wirklich ausgeschlossen werden, dass dieser Vorfahre nicht am Überfall auf die McDonalds beteiligt gewesen war, beim schändlichen Massaker von Glencoe! Das musste man klären, denn schließlich war man ja weitläufig mit den McDonalds verwandt, irgendwie, wenn auch sicher sehr weitläufig.

Doch all diese Gedanken traten in den Hintergrund, sobald das Turnier näherkam. Ein gemeinsamer Gegner verbindet schließlich, und das war auch nötig, denn die Spieler des befreundeten Clubs aus London waren allesamt Top-Golfer, spielten in einer anderen Liga. Das waren begnadete Golfer, sie hatten nur zwei Fehler, doch diese waren für einen schottischen Kämpfer unverzeihlich: 1) Die Londoner glaubten immer gewinnen zu müssen (und taten dies dann auch), und 2): Es waren Engländer. Wer die Schotten kennt, kann sich jetzt vorstellen, mit welchem Ehrgeiz unsere tapferen McGolfs in diese Turniere hineingingen.

Die Namen der Londoner Spieler waren so „typisch britisch" wie es für echte Londoner nur geht: Im Londoner Club spielten der berühmte Jack Nicoletti, dabei war auch Miguel Santa Garcia und Bernhard

„The Putter" Länglich, es fehlten auch nicht Yamamura Kashikoshi sowie Fiji Findinghi, und aus der China-Town war Anthony Koi mit von der Partie. Alles reine Engländer – nur diese Namen... Diese außergewöhnlichen, viel zu witzigen, weil viel zu bunten Namen waren es, an denen sich unsere tapferen Schotten emporhangelten: An den Namen machten sie die Schwachstelle ihrer englischen Golffreunde aus! So durfte man schließlich nun wirklich nicht heißen, meinten unsere schottischen Ureinwohner aus den Clans der McGolf und der McDonald, der McGregor, McGreen, McFairway und all der anderen Macs.

Man spielte üblicherweise über drei Turniertage, beginnend am ersten Tag mit den so genannten „Fourballs". Jeweils zwei Spieler eines Teams spielten zusammen gegen zwei des gegnerischen Teams. Traditionell spielte man das Lochspiel, wobei ein Loch entweder gewonnen oder verloren gehen konnte – dafür gab es dann einen Punkt –, es konnte bei gleicher Schlagzahl aber auch „geteilt" werden, d. h., die Punktzahl wurde dann geteilt. Am zweiten Tag ging es dann zu den Einzelspielen und den „Foursomes", ebenfalls ein Viererspiel, allerdings mit leichten Modifikationen. Insgesamt stellte jede Mannschaft zwölf Spieler, die vom vorher jeweils gewählten Captain bestimmt wurden. (Wer von den Lesern jetzt glaubt, dass ihm all diese Dinge irgendwie bekannt vorkommen, der kann auch gerne in den Statuten des etwas bekannteren Ryder Cup nachlesen. Der Ryder Cup wird seit einiger Zeit regelmäßig, allerdings nur alle zwei Jahre, zwischen England (später England und Europa) und den USA ausgetragen, hat aber bei seiner Gründung ansonsten seinen Austragungsmodus im Wesentlichen von unseren Freunden aus St. Elsewhere übernommen (Anm. des Autors).

Das diesjährige Turnier fand in St. Elsewhere statt, im letzten Jahr hatte man sich in London getroffen und war dort nicht sang- und klanglos, sondern grauenhaft untergegangen. Dieses Jahr würde aber sicher alles besser werden (was man sich jedes Jahr von neuem gebetsmühlenartig einzureden versuchte).

Am Freitag früh ging es also los, der erste Abschlag war exakt auf acht Uhr angesetzt. Die äußeren Umstände waren phantastisch, alles sprach für die Hausherren: Das Wetter war rau wie immer, aber fein, d. h. es regnete nicht zu sehr, der Wind war nicht zu stürmisch und es war nicht zu kühl – und fast alle waren ausgeschlafen. Die Londoner Spieler, alle in feinem Zwirn und identisch gekleidet, hatten sich schon vor einer Stunde auf dem Platz bei der Turnierleitung eingefunden und übten bereits fleißig das Putten, Chippen, Pitchen sowie den Abschlag. Zumindest diejenigen, welche die Ehre des ersten Flights hatten, brannten darauf zu starten.

Kurz vor Acht erschienen dann auch unsere Freunde aus dem Heimatclub, zumindest die beiden Helden, die auf schottischer Seite die Ehre des ersten Flights hatten. Diesmal waren das Lord Driver und Lord Sandwedge. Sie hatten es zu tun mit Fiji Findinghi und Miguel Santa Garcia. Eine lösbare Aufgabe, so dachten beide. Fiji Findinghi konnte das raue schottische Wetter gar nicht gewohnt sein, und Santa Garcia kurierte gerade einen Schnupfen aus, so hörte man. Auch unsere beiden Freunde erschienen natürlich im gleichen Dress. Man trug den Tartan des Clans der McGolf, was als Demonstration der Stärke für sich allein natürlich schon mindestens zwei Punkte Vorsprung schaffen sollte, aber in diesem Jahr hatte man sich zusätzlich noch etwas ganz besonderes ausgedacht. Man hatte sich entschlossen, in traditioneller Kleidung aufzulaufen: Man trug den Kilt!

Die Spieler aus London, wie gesagt aus aller Herren Länder kommend, konnten sich eines Lächelns nicht erwehren, als sie der beiden gestandenen Männer gewahr wurden, die kniefrei in ihren schweren Kilt-Röcken anstapften. Für so etwas hatte man kein Verständnis. Von den Modetrends in der Modetrendstadt London her war man zwar einiges gewohnt, aber so ein seltsamer Aufzug, in einem so ernsthaften Turnier, darüber konnte man nur den Kopf schütteln. Hätten sie dies nur nicht getan! Kopfschütteln und Golfen scheinen sich nicht zu vertragen. Lord Driver legte mit einem gigantischen Abschlag los, dem selbst der Longhitter Santa Garcia nicht folgen konnte, und dem Bunkerschlag von Lord Sandwedge hatte der leicht frierende Findinghi nichts entgegenzusetzen. Schon war die erste Bahn beendet und man lag „1 Auf". Wer aber glaubt, dass dies ein glücklicher Zufallstreffer war, der hatte sich geirrt! Jetzt legten unsere Freunde erst so richtig los. Auf Bahn Zwei gelang ein Birdie, und auf Bahn Drei ebenso. Loch Vier musste geteilt werden, ebenso Loch Fünf, aber dann begab man sich wieder auf die Siegerstraße. Nach einer kleineren Durststrecke auf den mittleren Bahnen stand es schließlich „Drei auf", und man begab sich zum Abschlag der Bahn Sechzehn.

Wir erinnern uns: Bahn Sechzehn ist ein kurzes Par 4 mit 299 Meter Länge, das Grün wird verteidigt von hohem Rough auf der rechten Seite und vorne von einem ziemlich hohen Ginsterbusch. Bezeichnenderweise heißt die Bahn „Homeward Bound", und so fühlten sich Lord Driver und Lord Sandwedge auch: Golf's coming home, sie würden den Golfesruhm zurück nach Schottland holen! Ein Unentschieden, ein geteiltes Loch hätte ihnen schon genügt, und sie wären uneinholbar in Führung gegangen. In einem solchen Fall ist das jeweilige Match zu Ende, die Bahn gilt als gewonnen und wird nicht mehr zu Ende gespielt.

Ein Loch teilen? Jetzt, wo man den Sieg so nah vor Augen hatte? Daran verschwendeten unsere Freunde keine Sekunde lang auch nur einen Gedanken. Und mit dieser Siegesgewissheit spielten sie auch: Ein langer Abschlag, ein hoher Pitch tot an die Fahne und ein sicherer Putt brachten das Birdie und den Sieg.

Was für ein Tag! Lord Driver und seinem Freund war es also tatsächlich gelungen, den Heimatclub in Führung zu bringen. Im ersten Spiel des Turniers hatten sie gleich den ersten Punkt eingefahren – es stand 1:0. So etwas hatte es seit Menschengedenken nicht mehr gegeben. Jetzt hatten sie es den Engländern aber so richtig gezeigt! Nun, allerdings zeigte sich in diesem Turnier auch, dass ein Spiel häufig erst am 18. Loch entschieden ist und dass das Gesamtergebnis erst am Ende des Tages feststeht. Und am Ende des ersten Tages wurde abgerechnet, und am Ende des ersten Tages lag man 2,5:5,5 gegen die Mannschaft aus London zurück. Aber es gab ja einen zweiten Turniertag, und da würde sicher alles besser werden (siehe oben), da würde sich das Blatt sicher wenden! Das Blatt wendete sich tatsächlich. Es wendete sich allerdings (aus schottischer Sicht) in die falsche Richtung. Am zweiten Turniertag gelang es keinem unserer Freunde aus St. Elsewhere, auch nur einen einzigen Punkt zu erspielen, nicht einmal einen halben Punkt. Es war ein rabenschwarzer Samstag. Da half nur noch der Sonntag, da würde sicher alles besser werden (siehe oben und ganz oben).

Die Geschichte des dritten Turniertages ist jedoch schnell erzählt: Die Spieler um Jack Nicoletti, Bernhard „The Putter" Länglich und Yamamura Kashikoshi sorgten auch ohne ihren Superstar Lion Fields in ihren Einzeln fast ausnahmslos für Siege, und die Ausbeute für unsere Freunde bestand aus drei kläglichen halben Punkten (aus geteilten Löchern, erspielt von Sir Bunker, Lord Driver und – welch tatsächliches Wunder – Lord Socket). Am Ende des dritten Tages hieß es dann 4:24.

An dieser Stelle ist eine kurze gedankliche Pause angebracht.

Dieses Ergebnis klang und klingt fürchterlich. Eine Blamage sondergleichen, eine Schande? Mitnichten! Die McGolfs tragen nicht nur viel Kampfgeist, sondern auch sportliche Fairness in sich, so war das seit Jahrhunderten und über viele Generationen hindurch immer gewesen. Nach einer kurzen Gedankenpause zur Ernüchterung fand man zu seinem Stolz zurück, und man hatte auch berechtigten Grund, auf die vier erspielten Punkte stolz zu sein, gegen diesen Gegner! Und allen Ernstes – die Tatsache, dass es Engländer waren, war eigentlich ja gar nicht so schlimm. Man hatte gemeinsam eine Schlacht geschlagen, ohne sich zu verletzen, man hatte miteinander gerungen, gesiegt und verloren, diese Gegner waren es wert, dass man ihnen aus vollem Herzen gratulierte.

Und so geschah es auch: An Loch 19 (nach der zugegebenermaßen schon etwas bedrückenden Siegesfeier für den Gegner) fand man schnell wieder zueinander. Eigentlich waren diese Engländer doch ganz nette Burschen, und sie spielten verteufelt gutes Golf. Da traf es unsere Freunde aus St. Elsewhere wie ein sanft erfrischender Regenschauer an einem warmen Sommertag, als die Golfkollegen aus London den Vorschlag machten, dass sich die McGolfs zum nächsten Turnier doch ebenfalls unter den Top-Spielern dieser Welt umschauen und sich so Verstärkung sichern sollten – man wolle schließlich eine faire Verteilung der Kräfte, und man wolle sich schließlich die Freundschaft einer so fantastischen Golfgemeinde, wie es die Spieler aus St. Elsewhere seien, unbedingt erhalten.

5 › Der Nachwuchs

In jedem Sport ist Nachwuchsarbeit wichtig, so natürlich auch beim Golfsport. Manchmal allerdings macht es einem der hoffnungsfrohe Nachwuchs schon schwer, vor allem dann, wenn er sich nichts sagen lässt – wo man doch aufgrund seiner Erfahrung und seines Könnens selbst alles besser weiß. Und wenn er, der Nachwuchs, dann sogar noch anfängt, uns, die Erfahrenen, belehren zu wollen, dann bekommen die aber ein echtes Problem! Oder haben vielleicht wir das Problem?

Lord Driver, so ungestüm er manchmal war, konnte sehr geduldig sein, wenn er einem hoffungsfrohen Golf-Nachwuchs den Schwung erklären durfte. Dafür nahm er sich dann gerne und in der Regel auch ausgiebig Zeit. Am liebsten waren ihm die vier- bis neunjährigen Knirpse. Die Jungen und Mädchen in diesem Alter waren zum einen schon so weit, dass sie ihren Schläger bereits korrekt halten konnten, zum anderen waren sie aber noch nicht so alt, dass sie einen pubertären Widerspruch von sich gaben (außerdem war ihr Handicap in diesem Alter in der Regel noch schlechter als das der älteren Spieler). Probleme hatte er mit Kindern und Jugendlichen der Altersklasse von 10–15 Jahren, weil diese Burschen und Mädchen offen ihre Genugtuung darüber zeigen konnten, wie schnell sie (im Vergleich zu den Reiferen) ihr Handicap herunterschraubten. Am schlimmsten war es mit Sean.

Sean war der Sohn des örtlichen Metzgers, und so sah er auch aus. Mit seinen dreizehn Jahren war er ein kräftiger Kerl, der schon damit begonnen hatte, den ersten Flaum auf seiner Oberlippe zu rasieren. Ein wilder Junge würde man sagen, die Mädchen zwischen elf und sechzehn waren schon seit einiger Zeit auf ihn aufmerksam geworden. Er sah auch noch dazu ganz gut aus, das musste sogar Lord Driver zugeben. Auch war er nicht dumm, hatte sich schon einiges aus Golflehrbüchern angeeignet, weil ihn die Schwungtechnik interessierte, und auch die Regelkunde fand er spannend (beides nicht gerade typisch für einen 13-jährigen Metzgerssohn, aber so war er nun mal). Alles in allem, für Lord Driver war die Situation, mit dem Jungen gemeinsam am Abschlag zu stehen – na, sagen wir mal, interessant. Er wirkte irgendwie nervös, und um das zu verstehen, musste man die Vorgeschichte kennen. Doch dazu ein andermal.

An jenem Tage fand ein privat ausgerichtetes Turnier statt, bei dem auch Jugendliche mitspielen durften. Zugelassen waren offiziell die Altersklassen ab 14 Jahren, aber Ausrichter war die örtliche Metzger-Innung, und deren Vorsitzender war nun mal – natürlich – der Vater von Sean. So fand man einen Weg, wie sich Ausrichter (Vater von Sean) und Golfclub (Lord Driver) einigen konnten. Man verständigte sich darauf, dass der Sohn des Ausrichters mitspielen durfte, das Ergebnis würde für ihn auch Handicap-wirksam sein, aber er war von möglichen Gewinnen, wie sie für Brutto- und Netto-Sieger üblicherweise vergeben werden, ausgeschlossen.

Die Auslosung hatte ergeben, dass Lord Driver mit Sean im selben Flight spielen sollte, oder musste. Er kannte den Jungen natürlich, er kannte ihn schon lange. Dieser Junge war ihm noch nie ganz geheuer gewesen, geschweige denn sympathisch. Eigentlich mochte er ihn ganz und gar nicht, und er fragte sich, warum er eigentlich in seiner Eigenschaft als Clubpräsident nicht auf die Auslosung Einfluss genommen hatte.

Lord Driver pflegte sein Tee immer ziemlich genau auf die Linie zwischen den Abschlagspflöcken zu setzen. Vielleicht war es diesmal ein wenig vor der Linie, aber nur vielleicht. „Dein Tee steckt zu weit vorn, ich sage es gleich, sonst muss ich dir nachher einen Strafpunkt abziehen!" sagte Sean, der als Zähler für Lord Driver gelost worden war. Lord Driver schnaubte, erst einmal wegen „der Frechheit" des Jungen, außerdem, so dachte er sich, irrt sich der Junge darüber hinaus auch noch, es müsste zwei Strafpunkte geben! Allerdings musste er zugeben, so uneben das Abschlagsgelände auch war, so schräg die Abschlagspflöcke auch standen und so schief das Tee auch eingesteckt war – es steckte vor der Linie! Er nahm sein Tee heraus und steckte es demonstrativ mehr als einen Meter nach hinten, stellte sich zum Abschlag auf wie ein Berg, sprach den Ball mit der allergrößten Selbstsicherheit an, holte zu seinem bekannten gewaltigen Schwung aus und platzierte seinen Drive mit Macht und einem gigantischen Hook fernab von jedem Fairway irgendwo in die fernen Ebenen, wo die dicken Ginsterbüsche wuchsen. Ab jetzt war die Stimmung irgendwie leicht getrübt. Hatte Sean da vielleicht so ein verstecktes Grinsen im Gesicht gehabt? Die beiden weiteren Flightpartner hatten nichts gesehen, mussten beide allerdings selbst ein Grinsen unterdrücken.

Die anderen Spieler im Flight, Lord Socket und Mr. Bunker, werden in dieser Geschichte keine Rolle spielen, sie versanken einfach in die Bedeutungslosigkeit angesichts des Dramas, das sich hier zwischen den beiden anderen Spielern anbahnte. Wurde es nicht auch schon etwas dunkler, obwohl die Uhr erst 10 Uhr 32 zeigte, und spürte man nicht schon den kalten Windhauch, der unaufhaltsam durch die wetterfeste Kleidung kroch, der die Zehen auf den Thermo-Einlagen der Schafwoll-geschützten Lederschuhe fast zum Erfrieren brachte? Es war, als zöge der Ostwind durch alle Ritzen der Kleidung hindurch, ungebremst mit seiner Kälte direkt bis auf die Haut – dabei hatten wir einen eigentlich doch warmen Frühlingstag. Die Stimmung hingegen war frostig wie die Temperatur an einem kalten Winterabend.

Innerlich allerdings, da kochte Lord Driver. „Altklug ist er, furchtbar altklug, der junge Spund!", brummte er in sich hinein. Er musste zu sich selbst sprechen, denn seine Mitspieler verstanden ihn nicht, die Ignoranten. Auf der ersten Bahn spielte er so schlecht, dass er einen Strich bekam, das war ihm das letzte Mal vor gefühlten fünfhundert Jahren passiert.

Nun gut, noch war ja nicht alles verloren, und Sean ist schließlich noch ein unwissendes Kind! Auf Bahn Zwei ging Lord Driver wieder ganz fröhlich (oder wirkte sein Lächeln vielleicht ein wenig aufgesetzt?) zum Abschlag – und zwar als Letzter (man erinnere sich an den Strich!). Der zweite Abschlag war dann tatsächlich auch schon deutlich besser als der erste, fand jedenfalls Lord Driver selbst, und immerhin war es kein Slice gewesen, sondern der Ball flog schön geradeaus, na ja, vielleicht war er ein bisschen weit nach links gezogen, oder?

„Wenn du die linke Hand so weit nach innen drehst, dass du vier Knöchel sehen kannst, wirst du immer so einen grässlichen Hook spielen wie gerade. Oder war das Absicht, weil du deinen Slice damit abstellen willst?" Diese freundlichen Worte aus Sean's Mund heiterten Lord Driver nicht gerade auf, wie man sich leicht vorstellen kann, nein, sie ärgerten ihn geradewegs. Eigentlich kochte er schon, wie wir bereits wissen, denn so etwas brauchte er sich schließlich von so einem jugendlichen Anfänger schon gar nicht sagen zu lassen! Lord Driver schäumte. So war er manchmal, wenn er gar keine gute Laune hatte, wenn er sich massiv ärgerte, wenn er besonders schlecht geschlafen hatte, wenn ihn seine rheumatischen Knie schmerzten, oder aus sonst irgendeinem anderen Grunde. Zugegeben jedoch, so ausgeprägt wie heute hatte man seinen Missmut bislang nur selten erlebt. Genau betrachtet, eigentlich noch nie.

Aber das Spiel ging weiter. Irgendwie jedoch wirkte der Clubpräsident, die machtvolle Erscheinung, die Ausgeburt schierer Spielfreude und Lebenslust heute – man möchte sagen – verstört. Desolat wäre vielleicht der bessere Ausdruck, aber das konnte nicht sein, so etwas konnte man sich bei ihm überhaupt nicht vorstellen.

Auf den folgenden Bahnen wurde sein Spiel immer schlechter, die Bälle kamen ungenauer, jetzt traf er nicht einmal mehr das Fairway!

Ein einfacher Pitch aus 40 Metern Entfernung erreichte das einladende Grün nicht, die Anzahl der Chip-Schläge nahm zu, Putts erfolgten teilweise bereits aus dem Vorgrün, und war er nah der Fahne, nah dem Loch, nah dem Ziel, so folgten meist zwei weitere Putts, nicht nur einer. Keiner sagte etwas zur immer größer werdenden Anzahl seiner Schläge. Seine beiden Freunde nicht und auch nicht der junge Angeber. War er vielleicht endlich vernünftig geworden? Mit deutlich entspannterem Schritt näherte sich Lord Driver schließlich dem entscheidenden Putt. Aus zwei Metern Entfernung sollte er einputten, na ja, das konnte er schließlich. Aber würde es auch heute klappen, jetzt, mit seinem angeknacksten Ego, seinem Ärger über den unbotmäßigen Nachwuchs? Aber wie gesagt, vielleicht war Sean ja doch vernünftig geworden. Er sagte gar nichts, eigentlich war er doch ein ganz netter Junge. Der Putt gelang, Lord Driver rettete auf dieser Bahn noch einen Doppel-Bogey und war über dieses Ergebnis so glücklich wie noch nie. Sonst jubelte er nur bei Birdies oder noch Besserem. Die Welt war wieder in Ordnung, so machte das Golfspielen Spaß, das Leben war schön und gerade wollte er sich ein paar nette Worte für Sean zurechtlegen.

„Weißt du", sagte da der Junge in die so entstandene Stille hinein, „weißt du, ich putte immer dann am besten, wenn ich locker und square zum Loch stehe. Du stehst immer so schräg, ich finde es absolut irre, wie du dann trotzdem immer noch einputtest. Toll!" Irgendwie musste der Junge das wohl gut gemeint haben, er klang so fröhlich, so voller Bewunderung. Lord Driver hingegen war davon etwas seltsam berührt. Man möchte sagen, irritiert. Zuerst war er wie gelähmt, kein einziges kleines Wort schaffte es, sich zwischen Backe, Zunge, Zahn und Lippe vorbeizumogeln und sich in die Freiheit zu zwängen, dorthin wo sich normalerweise das gesprochene Wort tummelt. Lord Driver war so still wie eine Ruine im ruhigen Schein der Abendsonne. Dann aber war es so weit. Er war am Platzen. „Du bist ein unmöglicher

Kerl!", schrie es aus ihm heraus. „Was glaubst du eigentlich, wer du bist, was du bist und wo du hier bist?! Ich bin der Präsident dieses Clubs, ich habe mein halbes Leben damit verbracht, diesen Platz zu pflegen und weiterzuentwickeln. Ich habe deinem Vater beigebracht, wie man einen Schläger hält. Ich habe … ich weiß gar nicht, was ich für das Golfspiel hier bei uns schon alles getan habe. Und dann kommst du, ein kleiner frecher Klugscheißer, ein Angeber, der sich nicht zu benehmen weiß, der gerade einmal gelernt hat, den Ball auf das Fairway zu platzieren. Der gerade eben erst anfängt, sich zu rasieren, und das an einem Flaum, den man kaum sieht. Der gerade mal zehn Zeilen über das Golfspiel gelesen hat, in irgendeinem Artikel, geschrieben von irgendeinem Amateur! Der, der …" Die Stimme versagte ihm, und er hätte sich abwenden können und heulen. Aber das ging schließlich nicht, so konnte er sich nicht gehen lassen.

Die Stille, die jetzt eintrat, war nicht zu vergleichen mit der Stille, die vorhin als Ruhe vor dem Sturm geherrscht hatte. Das war eine Stille, die ging tief, ganz tief in die vier Golferherzen hinein, auch in Sean. „Ich…", stammelte der Junge schließlich, „ich – es tut mir leid, Sir", kam es aus ihm heraus. Seltsamerweise nannte er Lord Driver nicht John, wie er es sonst tat und wie es sonst auch üblich war, selbst für die Jüngsten im Dorf. Nein, er nannte ihn Sir, und auch dafür entschuldigte er sich sofort. „Tut mir leid, ich meine, John, tut mir leid!" Lord Driver sah ihn erst entgeistert an, dann entfuhr ihm ein lautes „Ha!?!", dann, nach einer weiteren ewig erscheinenden Pause röhrte es in seiner Brust und er musste mit einem lauten Poltern loslachen, so spontan und so befreit, mit einer solchen Inbrunst, dass auch seine beiden Freunde mitlachen mussten. Erst zögerlich, dann immer heftiger und immer lauter, sie steigerten sich alle drei in ein Stakkato, in ein lautes Furioso, bis sie vor Lachen schon brüllten. Nur einer konnte gar nicht lachen und stand unbeholfen herum. Sean wusste nicht so recht, wie er sich fühlen sollte, und versuchte zu lächeln, woraus sich allerdings nur ein gequältes Grinsen entwickelte. Er war ertappt, er war bloßgestellt, und er fühlte sich auch noch zu Recht gemaßregelt. Andererseits – die drei älteren Knaben waren ja eigentlich alles nette Kerle, er kannte alle schon lange und die Familien waren alle eng befreundet. Einen kurzen Moment lange fürchtete er sich davor, was wohl sein Vater dazu sagen würde, wie er sich dem ehrenwerten Lord Driver gegenüber daneben benommen hatte. Aber seine Angst war rasch verflogen, als der alte John auf ihn zukam, ihm seine riesige Pranke um die Schulter legte (die auch schon recht breit war für sein Alter) und ihn um Verzeihung bat, dass er gerade so explodiert war.

Schon bald konnte der Junge wieder lächeln, das Lächeln der Erleichterung machte sich in seinem Gesicht breit, und er begann mitzulachen, denn die anderen beiden konnten sich immer noch nicht beruhigen. Da standen nun vier Spieler aus dem Clan der McGolfs, wenn sie auch aus verschiedenen Familien kamen, und lachten gemeinsam ihre aufgestauten Gefühle in die Weite des wunderschönen Golfplatzes in St. Elsewhere hinaus. Der Nachwuchs hatte es allen wieder einmal gezeigt, denn ohne ihn hätte es dieses Erlebnis gar nicht gegeben.

6 › Angst vor dem Bunker

„Ein Schlag aus dem Bunker ist ein ganz normaler Schlag, so wie jeder andere auch!" – so der Standardsatz meines Trainers. Solange er Recht, hat ist das ja in Ordnung, aber, so zeigt meine Erfahrung, meistens hat er nicht Recht.

Als der liebe Gott das Golfspiel erfunden hatte (damals, für die Schotten, in Schottland), hatte er zuvor aus verschiedenen Gründen beschlossen gehabt, dieses Volk zu bestrafen. Und als er gesehen hatte, dass es ihm mit diesem Spiel gelungen war, setzte er eins oben drauf und schuf den Bunker (eine Sandkuhle auf dem Spiel-Gelände, die später nach Lord Bunker benannt wurde, siehe dort). Dem guten alten Lord Driver machte so ein Bunker wenig aus. Für ihn bedeutete eine Lage des Balles im Sand nur, dass er für diesen Schlag etwas mehr Wucht brauchte, der Ball dann aber im Unterschied zu seinen Fairway-Schlägen trotzdem nicht ganz so weit flog. Lange hielt er sich jedenfalls im Bunker nicht auf (außerdem hatte auch er, so wie Sir Bunker, von Lord Sandwedge einen speziellen Schläger geschenkt bekommen, der ihm im Sand gute Dienste leistete, doch das ist eine andere Geschichte). Seine Gattin aber war im Bunker bei weitem nicht so erfolgreich.

Lady Iron war es gewohnt, alle ihre Schläge nicht nur schön, sondern auch effektiv zu gestalten: Die Abschläge zelebrierte sie mit demselben ästhetischen Schwung wie die Schläge mit dem Fairway-Holz, die Annäherungen mit dem kurzen Eisen waren in der Regel perfekt, und natürlich liefen auch ihre Putts sicher über das Green. Nur *ein* Schlag fand sich in diesem Repertoire nicht wieder, und das war der Bunkerschlag. Der Schläger war ihr vertraut, sie hatte auch nichts gegen Sand an sich, aber … Ja, eigentlich, was war eigentlich mit ihr los, wenn sie im Bunker stand? Nichts und niemand schien ihr helfen zu können. Sie hatte schon mehrfach den Trainer konsultiert, und Mr. Putter versuchte, an ihrem Stand zu arbeiten, den Griff zu verändern, den Durchschwung zu verbessern – das Übliche eben. Aber helfen konnte er ihr nicht.

„Ich weiß, ich muss den Sand kurz hinter dem Ball treffen, durchziehen, ganz wichtig ist durchziehen, und dann den aufgeschaufelten Sand samt Ball aus dem Bunker herausheben. Ganz einfach. Aber warum klappt das denn nicht bei mir?" Entweder toppte sie den Ball, sodass er – statt in einem satten, kurzen, hohen Bogen freudig auf das Grün zu hüpfen – in einem schnellen, harten Tiefflug über die Bunkerkante donnerte und irgendwo weit entfernt an einem Ort landete, an dem er nichts zu suchen hatte. In einem solchen Fall klang der Schlag auch ganz fürchterlich, wir alle kennen dieses Geräusch. Oder sie hackte ihren armen geplagten Schläger so tief in den Sand, dass er sich dort vergrub (aus Scham wahrscheinlich) und nicht mehr weiter wusste. Der Ball pflegte sich währenddessen davonzutrollen, mit etwas Glück ein paar Meter vorwärts, aber nur selten schaffte er es aus dem Bunker heraus. Außerdem rollte er auch meistens von der Bunkerkante aus wieder in die Bunkermitte zurück, ziemlich genau dorthin, wo er gerade herkam – wahrscheinlich zum Hohn. „Ich weiß, es ist ganz einfach, es muss ganz einfach sein!" Lady Iron wurde weinerlich, in einer ziemlich ungesunden Mischung aus Wut und Traurigkeit. „Ich bin vielleicht kein Profi, aber ich beherrsche doch auch sonst alle Schläge, und vor allem: Für alle meine Freundinnen ist dieser Schlag aus dem Bunker kein großes Problem! Priscilla lacht sogar schon über mich. Wieso ich, wieso ausgerechnet ich?", pflegte sie zu lamentieren.

Lord Driver wusste bereits, was als Nächstes kam, und auch was er zu tun hatte. Er nahm sie mit den Worten „Meine kleine Fee" in den Arm, wusste aber auch, dass dies ihre Laune nicht wirklich heben würde. Irgendwie tat sie ihm schon leid, aber er musste auch lächeln, mit einem Anflug von Mitleid, und dies machte sie erst richtig wütend. Am schlimmsten aber war es, wenn er ihr riet, sie brauche doch keine Angst zu haben, dann entledigte sie sich all ihrer guten Manieren und archaische Kräfte kamen zum Vorschein.

„XXXXXXXX", schimpfte sie dann einen an dieser Stelle nicht wiederzugebenden schottischen Fluch, den sie an einem sicherlich denkwürdigen und sicherlich späten Abend einmal von ihrem Mann gelernt hatte. In der Regel stampfte sie dann mit den Füßen so lange auf, bis sie wie ein Fels fest verbunden mit dem sandigen Untergrund im Bunker stand, zog dann ihren Schläger mit all der Macht, die ihr zur Verfügung stand, und ohne groß nachzudenken, durch Sand und Ball und beförderte ihn so aus dem Bunker hinaus. Gottseidank landete ihr Spielball nicht zu oft an einem solch unwirtlichen Ort.

Heute war es wieder einmal so weit: Lady Iron war nach einem erholsamen Nachtschlaf aufgewacht und hatte mit der größten Freude ihr Frühstück zelebriert. Der Tee hatte wunderbar gezogen, und das Porridge war genau so gelungen wie sie es liebte, nämlich mit einer kräftigen Prise Salz und einer mittleren Menge Rosinen, die dem Ganzen eine herrlich leichte Süße verliehen. Sie nahm an diesem Morgen ihr Frühstück alleine ein. Ihr Gatte wollte ausschlafen, nachdem der Abend zuvor mit seinen Freunden im „Old Mist" etwas länger und etwas feuchter gewesen war als geplant. Außerdem wollte sie ohnehin etwas früher als gewohnt aufstehen, denn heute hatte sie sich mit ihren Freundinnen zu einer Golfrunde verabredet, und alle vier waren sich einig: Man wollte so früh wie möglich zum ersten Abschlag gehen, um in Ruhe die frische Morgenluft und später die Wärme des erwachenden Tages genießen zu können. Ach – was war das für ein herrlicher Morgen!

Am meisten freute sie sich, dass ihre liebe Tochter Heather (Lady Fairway) mit von der Partie war. Seit Monaten hatten sie nicht mehr gemeinsam in einem Flight gespielt, obwohl sie es sich gegenseitig immer wieder versprochen hatten, und immer wieder war etwas völlig Unvorhersehbares dazwischengekommen. Die Damen hatten sich für einen „Vierer mit Auswahldrive" als Lochspiel entschieden, das würde ihr heute so richtig Spaß machen. Sie spielte zusammen mit Priscilla Yip, und Heather spielte mit ihrer Freundin Bonnie, der Frau von Sir Bunker. Bonnie war für Heather mit ihrer freundlichen und vertrauten Art im Laufe der Jahre fast zur zweiten Mutter geworden. Mit ihren 58 Jahren hätte sie dies auch durchaus sein können. So starteten sie alle zusammen in einen fröhlichen Golfer-Tag hinein.

Bonnie hatte die Ehre des ersten Abschlags. „Nicht einmal schlecht, wie der Ball liegt", dachte sich Lady Iron, eigentlich lag er sogar richtig gut. Na, mal sehen, was ihre Tochter daraus beim zweiten Schlag machen würde. Aber jetzt war sie erst einmal an der Reihe. Und es gelang ihr ein wunderbarer Schwung, und sie traf den Ball satt und kräftig, und der Ball flog einen wunderbaren, weiten Bogen. Bogen? Ja, tatsächlich, sie hatte einen Bogen gesehen, genauer gesagt hatte sie einen richtig schönen Draw geschlagen, und der Ball war auch richtig weit geflogen – nur, auf Bahn Eins, wie wir wissen, spielt man ein Dogleg nach rechts, und da kann man einen Draw, so schön und weit er auch gewesen sein mag, nicht gebrauchen. Der Ball lag also im Aus. „Na, das fängt ja gut an!", lachte Lady Iron zu diesem Zeitpunkt noch, weil sie dachte, dass ihr Spiel ab jetzt besser werden würde.

Ihr Spiel war jedoch nicht ganz so berauschend wie ihre Stimmung. Eigentlich schlug sie die Bälle nicht wirklich gut, und wenn man es genau nahm hatte sie am Ende der Bahn Zwei ausnahmslos miserable Schläge produziert.

Am Abschlag der Bahn Sechs angekommen hatte sich ihre Stimmung mittlerweile auf ein normales Maß reduziert. Um nicht zu sagen, die Stimmung war im Grunde bereits als schlecht zu bezeichnen, wenn nicht als richtig mies. Auf der Sechs („Devil's Rough") hatte sie ihren Ball im berüchtigten tiefen Rough auf der rechten Fairwayseite versenkt und Priscilla hatte ihn nicht mehr wiedergefunden, und jetzt stand die Bahn Acht an, eine Bahn mit einigen Bunkern, darunter ein tiefer, gemauerter Topfbunker.

Bonnie Bunker hatte bislang recht gut gespielt und war die ganze Zeit fröhlich gewesen. Mit der Zeit kam dies Lady Iron schon ziemlich übertrieben vor, so unnatürlich fröhlich musste man doch nun wirklich nicht sein! Und Bonnie spielte immer besser, und sie wurde immer fröhlicher, und mit ihr auch Heather. Und außerdem führten die beiden das Spiel auch noch an.

Der Topfbunker auf Bahn Acht hatte es Lady Iron besonders angetan. Wie oft war sie schon in diesem Bunker gestanden und hatte versucht, ihren Ball mit lockerem Schwung zurück auf das Fairway zu befördern. Und wie oft waren diese Versuche vergeblich gewesen. Je mehr sie sich anstrengte, lockerer zu werden und sicher zu schlagen, desto mehr verkrampften sich ihre Schulter und das Handgelenk, verspannte sich ihr Nacken, begann der Kopf zu dröhnen. Es war grausam. Sie hatte diesen Bunker fürchten gelernt. Er war nicht ganz so schlimm wie der auf Bahn Achtzehn (der berüchtigte, als „Score-Killer" weit über die Grenzen von St. Elsewhere hinaus bekannte Topfbunker, der schon viele Hoffnungen vieler Spieler auf ein gutes Spielergebnis im letzten Moment noch zerstörte), aber auch dieser Bunker war ihr ein Greuel. Immer wenn sie diesen Bunker sah, dann stellte sie sich vor, wie sie darin stand und vergeblich nach dem Ball schlug. Nein, sie schaffte es nicht, den Ball ordnungsgemäß zurück auf das Fairway zu platzieren, und ja, sie hatte Angst davor, in diesem Bunker zu versagen. Dabei war sie doch sonst eine so gute Spielerin und beherrschte ihre Schläge, aber wenn ihre Freundinnen dann bei ihrem Missgeschick auch noch so zuschauten und wenn sie dann auch noch anfingen, gute Ratschläge zu erteilen (natürlich nach Beendigung des Lochs), dann verlor sie endgültig ihre Fassung.

Warum sie an diesem Tag auf dieser Bahn beim Abschlag zu ihrem Driver griff, verstand sie später selbst nicht, denn ihre Driver-Entfernung betrug circa 200 Meter, und die Bunker-Entfernung vom Abschlag betrug ebenfalls circa 200 Meter. Und so kam es, wie es kommen musste: Der Ball landete exakt dort, wo er genau nicht landen sollte. Da stand sie vor dem Bunker und hoffte, Priscilla würde mit ihrem Schlag den Ball aus diesem Monster hinausbefördern, aber ihre Hoffnung erfüllte sich nicht. Mit einem erstaunten, fast fröhlichen „Ups!" sah Priscilla zu, wie sich ihr Ball im Sand zwei Meter aufwärts quälte und dann zu ihr zurückrollte.

Da stand sie nun wieder, tief in ein Loch gesunken, die Schuhe voller Sand, über ihr nur der ansonsten doch so schöne schottische Himmel und drei Köpfe mit Gesichtern, die eine ungesunde Mischung aus Fröhlichkeit und Bedauern auszustrahlen schienen. Das Monster hatte sie wieder gepackt, gefesselt und eingesperrt. Schier meterhohe Mauern umgaben sie, und über diese sollte sie nun einen kleinen, weißen Ball, der sich ängstlich im Sand eingegraben hatte, irgendwie hinausbefördern. Bonnie Bunker wollte noch etwas sagen, hatte sich dann anders besonnen. Sie war ja auch so gut darin, Bälle aus dem Sand wieder herauszuholen. Sie hatte ja auch schließlich einen dieser Spezialschläger, die ihre Mann von Lord Sandwedge erhalten hatte, mit denen man die Bälle leicht aus dem Sand herausschaufeln konnte.

Wieder einmal befand sie sich ratlos und zitternd, was sie aber zu verbergen suchte, in einer sandigen Umgebung, die sie mittlerweile genauso fürchtete wie hasste. „Warum muss immer ich mich blamieren?", fragte sie sich. „Warum ausgerechnet ich?" Und so, am Ende ihrer guten Laune, zogen noch einmal die Szenen ihres gesamten Spiels an diesem Tag an ihrem geistigen Auge vorbei: Wie sie gutgelaunt aufgestanden und zum Golfplatz gekommen war, die schönen, zufriedenen, fröhlichen Augen ihrer Tochter tauchten auf, und das ausgesprochen fröhliche Lachen von Bonnie Bunker – und da war er wieder, jener Schmerz, der ihr alle Lust und alle Fröhlichkeit nahm! Diese Bonnie, was muss sie auch so gut spielen heute, und auch noch so viel lachen!

Und wieder einmal spürte sie plötzlich eine ungeheure Macht in sich aufkeimen, eine Kraft, die aus ihr herausbrechen wollte. Und mitten in dieser Aufwallung aller aufgestauten und nicht gesagten Gefühle nahm sie ihren Schläger beherzt erst in die linke Hand, dann mit einem Übergriff auch in die rechte, und mit einer Gewalt, die keine Beschreibung kennt, schwang sie ihren Schläger durch Sand und Ball, sodass dieser sich mit einer machtvollen Eigenbewegung vom Sandboden, in der er sich eben noch verstecken wollte, selbständig abhob, in die Luft streckte und gen Himmel schnellte. Sandreste spritzten umher, der Ball flog, scheinbar immer schneller werdend, von entschlossenen Augen einer entschlossenen kleinen Frau gierig verfolgt, über die Bunkerkante weit nach oben, Richtung Ziel. Zuerst stieß sie einen heftigen kurzen Schrei aus, ganz und gar nicht Ladylike, aber einer inneren Notwendigkeit folgend, dann krabbelte Lady Iron aus dem Bauch des Monsters wieder heraus ans Tageslicht. Die Welt hatte sie wieder.

Der Rest der Geschichte, und damit der Rest des Spiels und des Tages sind schnell erzählt: Lady Iron gewann rasch ihre Fassung wieder, und sie spielte ein traumhaft schönes Spiel. Nachdem sie und Priscilla schon scheinbar abgeschlagen zurückgelegen hatten, drehten sie das Spiel noch und gewannen am Ende „Drei Auf". Und beim anschließenden netten Beisammensein im Clubhaus, bei einer herrlich schmeckenden Tasse Tee und etwas Gebäck machte es ihr nicht einmal etwas aus, dass Bonnie und Heather so vergnügt waren (obschon sie doch ziemlich deutlich verloren hatten) und dass Priscilla sie fragte, was denn so zwischenzeitlich mit ihr los gewesen sei, zum Beispiel da auf der Bahn Acht, im Bunker.

Der Tag war gerettet, und er endete auch mit einem guten Abendessen zuhause und mit einem wunderbaren Abend, ganz allein mit ihrem Gatten, der gerade an diesem Abend ganz besonders nett zu ihr war.

Aber, ganz im Ernst: War ihr Problem mit dem Bunker jetzt behoben? War jetzt alles in Ordnung, für alle Zeit? „Konnte" sie es jetzt? Beherrschte sie ihn jetzt, den sicheren Schlag aus dem Bunker? Wir werden sehen.

7 › Das erste Turnier

Das erste Turnier, würden wir in unseren Breiten sagen, ist schon eine große Aufregung wert. Wir fiebern dem Tag entgegen, an dem wir uns beweisen müssen, und beobachten unser Lampenfieber, vor allem wie es sich von Tag zu Tag steigert. Nicht so beim Golf-Nachwuchs von St. Elsewhere. Diese Kids fiebern dem Tag des ersten Turniers auch entgegen, aber vor lauter Vorfreude.

Beim ersten Turnier handelt es sich bei uns meist um ein sogenanntes Newcomer-Turnier, bei dem der Name bereits ausdrückt, dass hier ausnahmslos hoffnungsvolle Nachwuchsspieler am Werk sind, die allesamt noch nicht spielen können. Aber man will nach dem Erhalt der Platzreife jetzt auch noch sein Handicap von –54 nach unten (bzw. eigentlich nach oben) schrauben, und dazu ist es erforderlich, ein zumindest einigermaßen ordentliches Spiel hinzulegen. Man hat nur leider die letzten Trainerstunden noch zu gut in Erinnerung, in denen nichts richtig klappen wollte. Dabei ist das eigentlich selbstverständlich, denn ein paar Wochen zuvor hatte man in der Regel gerade einmal gewusst, wie man Golf schreibt und dass man dazu einen Schläger und einen Ball braucht.

Der Golf-Nachwuchs in St. Elsewhere setzt sich nicht – wie bei uns – sowohl aus Kindern und Jugendlichen wie auch aus gestandenen Erwachsenen und bereits im Leben gut situierten Personen zusammen, in St. Elsewhere besteht der Golf-Nachwuchs durchweg aus Spielern der Altersklasse 0–6, und spätestens im Alter von 6–8 Jahren tritt man zum ersten Turnier an. Dann haben diese Youngsters nämlich von Mr. Putter die Platzreife erhalten. Mit der Ehre der Platzreife und der Zulassung zum ersten Turnier starten die Kleinen ihre Karriere mit einem Handicap von –36. Sie fiebern diesem Ereignis entgegen, die Aufregung steigt mit jedem Tag,

und wenn es dann endlich so weit ist, sind sie erfüllt von Tatendrang.

Heute war der große Tag der Brüder Chip und Pitch, den beiden
Enkeln von Lord Driver. Chip hatte erst zwei Wochen zuvor von
Mr. Putter mit einem besonders großen Lob die Platzreife erhalten
und durfte jetzt das erste Mal dabei sein. Voller Stolz präsentierte er
seinem Vater die erste komplette Ausrüstung, die er von Opa zum
Erhalt der Platzreife geschenkt bekommen hatte: Einen richtigen Driver und ein Dreier-Fairwayholz, beide mit bemerkenswerter Schaft-
länge, Eisen von SW bis Vier und einen Putter, alle zusammen verstaut
in einem kleinen Bag, das er in einem Kinder-Trolley hinter sich her
zog. Mit seinen kurzen, borstig aufgestellten, rötlichen Haaren, und
seinen hellen Sommersprossen sah er so richtig frech aus. Aus seinen
lebendigen blauen Augen blitzte Kampfeslust und er hatte auch das
Butterbrot seiner Mama ganz aufgegessen, um nicht mitten in einem
so wichtigen Turnier etwa noch Hunger zu bekommen, und das stille
Örtchen hatte er auch noch besucht, so wie es ihm seine Mutter auf-
getragen hatte.

Pitch, der Ältere von beiden, hatte die Platzreife schon vor über
zwei Jahren erlangt und spielte bereits mit einem Handicap von −29,5.
Mit seinen acht Jahren war er natürlich auch um einiges kräftiger als
sein kleiner Bruder. Der war schließlich erst Fünf, der Kleine (wobei
man fairerweise erwähnen muss, dass der sechste Geburtstag nicht
mehr fern war). Der Zufall hatte sie in einem Flight zusammengeführt
(später dachten zwar beide immer wieder darüber nach, ob es wirklich
das Los gewesen war oder ob da vielleicht jemand an der Auswahl
manipuliert hatte; sie konnten dies jedoch nie eindeutig klären). Jedenfalls waren sie jetzt in einem Flight vereint, und trotz aller Rivali-
tät, wie sie unter Brüdern herrschen muss, waren sie froh, an diesem
Ehrentag beisammen sein zu können.

Wie gesagt, in St. Elsewhere gab es keine Newcomer-Turniere, es gab nur Newcomer, die jedoch als vollwertiges Flight-Mitglied betrachtet und behandelt wurden. D. h., es gab keinen Anfänger-Bonus (jedenfalls nicht offiziell), und ein jeder Neuling musste sich denselben Regeln und derselben Etikette unterwerfen, wie sie überall auf der Welt, auch in St. Elsewhere, galten (s. hierzu einschränkend den Essay „Golf ist entwicklungsfähig", Anm. des Verfassers).

Aufgrund der begrenzten Teilnehmerzahl an jenem Tag – es war ein stürmischer Herbst-Samstag gewesen – hatte die Spielleitung Dreier-Flights gebildet. Die Besetzung der Flights war immer einheitlich, seit vielen Jahren unverändert: Es gab einen inoffiziellen Flightführer. Dies war in der Regel ein älteres Clubmitglied mit viel Erfahrung und einem niedrigen Handicap, jemand der die jeweils benötigten Schläge richtig zählen konnte und auch bei der Berechnung der daraus resultierenden Stableford-Punkte behilflich war. Dieser Spieler hatte in der Regel das Vertrauen der Spielleitung, dass auch tatsächlich richtig gezählt wurde. Dann gab es einen Spieler mit einem mittleren Handicap, und der Dritte im Bunde war entweder jemand mit einem höheren Handicap oder eben manchmal auch ein Newcomer. Chip hatte bei seinem ersten Turnier Mr. Yip als Flightführer und seinen Bruder Pitch als weiteren Partner zugelost bekommen. Was für ein Glück!

Der erste Abschlag wurde von Mr. Yip tadellos vollzogen, darin war er ja auch wirklich gut. Auch sein Bruder schlug einen guten Ball, allerdings nicht ganz so weit, wie er es eigentlich vorgehabt hatte, und der Ball lag vielleicht auch ein bisschen ungünstig. Dann kam Chip an die Reihe. Jetzt war er das erste Mal ein wenig aufgeregt, aber natürlich nur ein wenig, und sicher auch nur ganz kurz. Er blickte zu seinem Bruder hinüber und es schien so, als habe er auf dem kurzen Weg zum Abschlag auch einmal kurz schlucken müssen. Dann aber war es so weit. Er beherrschte den Abschlag mit dem Driver eigentlich schon ganz gut. Sicher hatte er noch nicht so die ganz große Weite, aber der Ball flog zumeist geradeaus und seine Weiten waren konstant. Mit kindlicher Unbekümmertheit teete er seinen Champ 2 auf wie immer (von seinem Lieblingsball hatte er extra von Opa zum Turnier drei Stück geschenkt bekommen; mehr wirst du nicht brauchen, hatte Opa gesagt). Er sprach den Ball an, wie er es gelernt hatte, holte zum Rückschwung aus und zog den Schläger locker durch den Ball. Doch das Schicksal ist manchmal grausam, und der liebe Gott muss mit seinen Schotten aus St. Elsewhere schon etwas ganz Besonderes vorgehabt haben, so wie er sie von früh auf schikanierte. Der Ball fegte als sogenannter „rabbit killer" flach über den Platz, nahm dann – wie es ein Topspin-Ball üblicherweise so tut – rasch wieder Kontakt zum Boden auf, holperte dann noch über die eine oder andere Grasnarbe im Semi-Rough, bevor er sich dann erschöpft zur Ruhe legte, so ungefähr 50 Meter vom Abschlag entfernt. Mr. Yip war der erste, der verbal reagierte. „Na, wenigstens finden wir ihn wieder, ich sehe deinen Ball ja bis hier!", versuchte er Chip aufzumuntern und die Situation zu entspannen. Aber wie Mr. Yip eben so ist, es waren nicht ganz die richtigen Worte für einen Fünfjährigen, der sich an seinem ersten Turnier beweisen will.

Bevor sein Bruder etwas sagen konnte, entfuhr es Chip leise aus zusammengepressten Lippen: „Mist! So ein Mist! Ich war doch so gut, vorhin noch auf der Driving-Range." Mehr kam in diesem Moment nicht aus ihm heraus, und Mr. Yip merkte wohl, dass er nicht ganz die richtigen Worte getroffen hatte. Der Kleine tat ihm leid. Auch sein zweiter Schlag war nicht wirklich gut, und erst nach fünf Schlägen lag er am Grün. Dann brauchte er noch drei Putts, und diese Schlagzahl (wir erinnern uns, es ist ein Par-4-Loch) ist selbst für einen Newcomer mit Handicap 36 zu hoch, um noch ein Stableford-Pünktchen zu ergattern. Wir wissen, dass so etwas passieren kann auf der ersten Bahn, aber Chip wusste das nicht. „Auf der nächsten Bahn wird das besser, bestimmt!", schwor er seinem Bruder, der ihm genau zuhörte, denn irgendwie wäre er schon gerne auch ein bisschen stolz auf seinen kleinen Bruder gewesen.

Bahn Zwei ist ein Par-5-Loch, und wenn auch nicht sonderlich lang, so doch relativ schwierig zu spielen, an manchen Stellen etwas eng und das Fairway sehr wellig. Nicht umsonst heißt diese Bahn „The Hope", denn häufig war es so, dass sich das gesamte Spiel in der Folge in der Qualität entwickelte, wie man diese Bahn gespielt hatte. Er war auch voller Hoffnung, der kleine Chip, und er mühte sich redlich. Seinen Trolley konnte er schon gut und kräftig mehrere Stunden lang hinter sich herziehen, das war kein Problem, aber das, was dazwischen passierte, wenn der Trolley gerade stehen gelassen worden war, das war heute nicht so einfach für Chip. Der Abschlag misslang, noch unter Zetern und Schimpfen, und auch der erste Fairway-Schlag war nicht gerade vom Feinsten, aber so richtig schlecht war dann die erste Annäherung, Die misslang völlig, und da wurde Chip auch ganz still. Diese Bahn besaß nur einen einzigen Bunker, und genau diesen fand sein Ball kurz vor dem Grün.

„Na, Gottseidank kann er ja den Bunkerschlag", dachte sich Pitch mit einer Art vorsichtiger Hoffnung, und etwas Ähnliches dachte sich auch Chip, denn er hatte ein großes Kämpferherz und brachte viel Mut und Selbstvertrauen mit in das Spiel. Das sind wunderbare Eigenschaften, und diese wurden jetzt auf eine harte Probe gestellt, denn Chip schaffte es aus irgendwelchen Gründen, die er sich auch später, als dieses Spiel längst Vergangenheit geworden war, nie erklären konnte, nicht, seinen Ball aus dem Bunker herauszuschaufeln. Er versuchte es mehrmals und traf entweder den Boden zu hart, oder er erwischte zu viel Sand, oder der Ball flog bis zur Bunkerkante und rollte dann zu ihm zurück. Mr. Yip musste ihn schließlich mit den Worten „Pass auf, Chip, so viele Schläge darfst du nicht machen, es ist gegen die Etikette weiterzuspielen, wenn man schon keinen Punkt mehr bekom-

men kann", bremsen, sonst hätte er sich vielleicht noch in ein weiner-
liches Wüten hineingesteigert.

Aber sein Bruder war ja auch noch da. Und der hatte bereits ziemlich Mitleid mit ihm, obwohl er sich auch etwas über seinen kleinen
Bruder ärgerte. Chip spielte doch sonst nicht schlecht, er hatte schon
mehrere Bahnen mit ihm gespielt, jetzt wo er schon etwas älter und
größer war, und letzte Woche hatte er sogar auf der schönen Bahn
Fünfzehn, die seitdem seine Lieblingsbahn war, sein erstes Par gespielt.
Also warum baute er jetzt so einen Mist? Opa hatte ihm zwar gesagt,
er solle seinen kleinen Bruder in Ruhe lassen, ihn konzentriert spielen
lassen, aber jetzt musste er ihm einfach etwas sagen. Und mit der
kindlichen Direktheit eines Achtjährigen ging er vor dem Abschlag
auf der Drei zu seinem kleinen Bruder hin, legte ihm den rechten Arm
über die Schulter, sprach ein paar Worte, die keiner hörte und die
beide Brüder auch später niemals jemandem verrieten, gab ihm einen
heftigen Klaps auf den Hinterkopf und ging zurück zu seinem Bag.
Mr. Yip hatte dies beobachtet und befürchtete das Schlimmste: Dass
er jetzt einen heulenden Fünfjährigen zu versorgen hätte, dass er einen
Achtjährigen disqualifizieren lassen musste, oder dass weiß der Teufel
was sonst noch passieren würde. Aber nichts geschah. Chip war wirklich ein großer Kämpfer. Mr. Yip trieb es fast die Tränen in die Augen,
als er sah, wie der kleine Junge auf der nächsten Bahn nach zwei guten
Abschlägen von ihm und von Pitch beherzt zu seinem Driver griff und
den Ball mit einem herrlichen Abschlag in eine wunderbare Position
auf dem leicht welligen Fairway brachte, vorbei an zwei Bunkern mit
geradem Blick auf die Fahne.

Sicher, diese war noch ein gutes Stück entfernt, aber der kleine
Chip kämpfte und arbeitete sich an das Grün heran, ein Doppelgrün
mit Bahn 15, wo sich gerade zwei andere Newcomer erfolglos abmüh-
ten, ihre Bälle einzulochen. Chip wartete ab und schloss die Bahn mit
einem Doppel-Bogey ab und heimste so seine ersten zwei Stableford-

Punkte ein. „So, die ersten zwei Punkte habe ich, jetzt fehlen nur noch 34!", rief er seinen Mitspielern, sich selbst und der ganzen Welt zu, und seine Stimme klang ganz anders als gerade eben noch auf dem Grün der Bahn Zwei. Fast meinte man etwas Triumphierendes darin zu entdecken.

Sein Bruder hatte später nach dem Spiel vorgeschlagen, die Bahn Drei „Chip's Area" zu nennen, das hatte das Präsidium jedoch abgelehnt. Andererseits wurde der Bahn Drei als einziger Bahn niemals ein Eigenname verliehen, sodass sie für die beiden Brüder immer „Chip's Area" blieb. Chip wurde im weiteren Verlauf des Spiels immer stärker und erspielte sich einige Punkte, wenn auch keine 34. Sein Handicap konnte er bei diesem ersten Turnier nicht verbessern, es würden aber noch viele Gelegenheiten kommen, das wusste er. Auch Pitch spielte ordentlich weiter und erreichte 37 Stableford-Punkte, sodass er sein Handicap auf 29 verbessern konnte.

Aber was war eigentlich mit Mr. Yip los? Auf den ersten Bahnen waren seine Abschläge und Fairway-Schläge nahezu perfekt gewesen, sogar das von ihm gefürchtete Putten war ihm hervorragend, ohne jegliches Zucken im Handgelenk gelungen. Und jetzt? Bereits auf Bahn Fünf („Big Trouble", so genannt weil das tieferliegende Grün bis zuletzt nicht einsehbar ist) begannen die Schläge unsicherer zu werden, und beim Putten spürte er ein leichtes Ziehen in seiner rechten Hand. Ab Bahn Zehn zuckte sein rechtes Handgelenk unbeeinflussbar bei jedem Puttversuch, der dann auch regelmäßig misslang, und ab Bahn Zwölf schließlich begann sein ganzer rechter Arm steif zu werden, sobald er nur an seinen Putter dachte. Chip kannte das schon, jeder kannte das im Club, aber keiner konnte helfen. Da ging Chip auf ihn zu und sagte: „Warum zuckst du eigentlich immer so, hör doch mal auf damit! Ich finde das gar nicht gut. Meine Freunde lachen ja darüber, aber ich finde das nur doof!", und ging zurück zu seinem Bag.

Mr. Yip stand da wie vom Schlag getroffen. Dass man ihn belächelte, ja; dass man über ihn sprach, auch gut; dass man ihn bedauerte und ihn von allen Seiten mit vielfältigen guten Ratschlägen versorgte, prima; aber dass ihn ein Knirps aufforderte, das Zucken sein zu lassen, weil er es doof findet, damit konnte er im ersten Augenblick überhaupt nichts anfangen. Auch im zweiten Augenblick nicht.

Aber das Zucken war wie weggeblasen, auf den letzten Bahnen gelangen ihm wenigstens noch ein paar Ehrenpunkte, sodass er letztendlich mit einem Ergebnis in den Zwanzigern aufwarten konnte, das war nicht ganz so peinlich. „Gut so", rief ihm Chip auf dem letzten Grün zu. Chip hatte ein Bogey gespielt, sein Bruder auch, und Mr. Yip war dabei, einen Sechs-Meter-Putt zum Par einzulochen, was ihm auch sicher und ohne jegliche störende Bewegung im Handgelenk gelang.

Am Ende war es ein tolles Turnier für Chip gewesen, fast wäre ihm eine Verbesserung seines Handicaps gelungen. Die Gratulationen von Opa waren überschwänglich, Oma schenkte ihm einen kleinen Sonder-Pokal, auf dem „Chip's erstes Turnier" mit Datum eingraviert war, Pitch hatte damals auch so einen bekommen. Papa und Mama waren ganz stolz auf ihn und versprachen, dass er jetzt auch mit ihnen einmal mitfahren und mitspielen dürfte, wenn sie auf einen der berühmten Plätze in der näheren Umgebung fahren würden. Es war ein rundum schöner Tag für ihn.

Aber als ihn Mr. Putter fragte, was ihm denn am besten heute gefallen habe, da sagte er: „Yip hat immer so komisch mit seiner Hand gezuckt. Da hab ich ihm gesagt, er soll aufhören, und da hat er damit aufgehört!"

8 › Geschäfte auf dem Golfplatz

Immer wieder taucht unter Geschäftsleuten der Satz auf: „Es werden mehr Geschäfte auf dem Golfplatz gemacht als am Verhandlungstisch". – Was für ein Blödsinn! Ich kenne niemanden, der nach dem Einlochen auf Bahn 3 den Preis für die nächste Lieferung von zehn Tonnen Baumwolle um 20 % gedrückt hätte, oder der nach dem Vergleich der Anzahl der Schläge bei Spielende auf der Rückseite der Score-Karte einen Vertrag für seinen neuen Roman unterschrieben hätte. Vielleicht kenne ich aber auch nur die falschen Leute.

In diversen Spielfilmen wird dem geneigten Zuschauer immer wieder suggeriert, dass man in der entspannten Atmosphäre eines wunderbar leeren Golfplatzes mit der richtigen Spieltaktik die besten Geschäftsabschlüsse erzielen oder sich irgendwelche andere Vorteile verschaffen kann. James Bond zum Beispiel demonstriert dies im Spiel mit einem japanischen Partner, natürlich nicht ohne die gewisse, für die japanische Kultur gewohnte Unterwürfigkeit zu zeigen. Auch gibt es eine Reihe ganz ernst gemeinter Management-Lehrbücher, die vorgeben zu wissen, wie man geschäftlichen Erfolg auf dem Golfplatz verwirklichen könne. Wie gesagt: was für ein Blödsinn! Der oben genannte Schauspieler, der seinerzeit den Geheimagenten James Bond verkörperte, ist zwar selbst Schotte, und deswegen sei ihm sein Lapsus im Film auch verziehen. Schließlich muss er ja auch irgendwie sein Geld verdienen. Der typische schottische Geschäftsmann jedoch verhält sich in Wirklichkeit (also auf dem Golfplatz) ganz anders, und das zeigt die folgende, wie immer wahre Geschichte.

Ewan Macpherson war ein waschechter schottischer Geschäftsmann: Kompakte, standfeste Figur, Sommersprossen und rote, leicht gelockte Haare. Er hatte die Handelsfirma, die sein Vater aufgebaut hatte, übernommen und handelte mit Angus-Rindern. Freitagabends saß er mit seinen Freunden im Pub und grölte alte Lieder, die von Kampf und Ehre, manchmal auch von Liebe handelten, und sonntags trug er stolz den Kilt seines Großvaters mit dem Tartan seines uralten Clans. Kurz, er verkörperte fast sämtliche Klischees, die man in unseren Breiten von einem Schotten hat. Aber so war er nun mal, und das entspricht, wie gesagt, der Wahrheit. Sein Kollege, Sir John McIntosh, war da ganz anders: Aristokratisch von Aussehen, Kleidung und Benimm, gewählte Ausdrucksweise und von altem Adel. Er handelte mit Stoffen, vor allem mit Tweed. Eines hatten sie jedoch gemeinsam, und das war der Sitz ihres Hauptgeschäftspartners: Beide handelten in derselben Region dieser Welt, und das war für beide Produkte, Rind wie Tweed, gleichermaßen erstaunlich: Ihren größten Umsatz erzielten sie im Mittleren Osten. (Wer jetzt glaubt, das könne nicht sein, der erinnere sich, dass diese Geschichte in vollem Umfang der Wahrheit entspricht.)

Nun, die beiden Herren begegneten sich an jenem Tag zum ersten Mal. Es war eines jener Einladungsturniere von Lord Driver gewesen, bei denen er Geschäftsleute aus ganz Schottland einzuladen pflegte. So war es nicht ungewöhnlich, dass sich im Rahmen dieses Turniers Menschen begegneten, deren Geschäftsbereiche wenig miteinander zu tun hatten. So kam es auch bei unseren beiden Protagonisten. Ein (vielleicht glücklicher?) Zufall wollte es, dass der dritte Flightpartner erkrankt ausfiel und vom Heimatclub St. Elsewhere niemand als vierter Flightpartner eingeplant war. Man vertraute der ehrlichen Zählweise eines schottischen Geschäftsmannes und brauchte keinen „Aufpasser", sodass man auf die zusätzliche Bereitstellung eines Spielers des Heimatclubs verzichtete. Es ergab sich, dass die beiden Gentlemen – Macpherson und Sir McIntosh – 18 Bahnen lang alleine im Gespräch waren, und damit hatten sie ausführlich Gelegenheit, sich über geschäftliche Dinge auszutauschen. Dies klang so: Macpherson: „Na, mein Guter, womit verdienen Sie wohl Ihre Brötchen?". Er wollte einfach Konversation machen und hatte es nur gut gemeint. Aber Sir McIntosh dachte sich nur: „Neureicher!", und sagte zunächst nichts dazu außer: „Brötchen, mein Lieber? Sie belieben zu scherzen." Dann räusperte er sich noch einmal ganz kurz. Das wiederum ärgerte Macpherson bereits zu Beginn der Partie so sehr, dass er sich vornahm, mit diesem aristokratischen Schnösel nur noch das Nötigste zu reden. Kein wirklich guter Beginn einer geschäftlichen Freundschaft. Aber nach dem Einlochen auf der Bahn 1, die er mit einem Par beendete, gelang es Sir McIntosh schließlich doch noch, eine Antwort zu formulieren, die seiner würdig war. „Wir reisen in Tweed!", äußerte er sich, und damit meinte er, dass seine Familie ein weltweit erfolgreiches Unternehmen im Handel von Tweed-Stoffen besaß. Das war auch schon alles, was Sir McIntosh sprachlich von sich gab, das musste fürs erste reichen.

Lange Zeit tat sich verbal dann erst einmal fast gar nichts mehr, und das war besonders schlimm für Macpherson, der im Allgemeinen und auch im Besonderen ein sehr kommunikativer Mensch war. Er konnte immer reden, und das tat er auch meistens, und nur selten verschlug es ihm die Sprache. Zum Beispiel jetzt. Aber es kam noch schlimmer. Sie waren bereits auf Bahn Acht angekommen ohne ein weiteres Wort miteinander gesprochen zu haben, da hielt es Macpherson nicht mehr aus. Macpherson: „Sagen Sie mal, da wo Sie herkommen hat man doch hoffentlich die Sprache schon erfunden!", wollte er einen lustigen Beitrag zur Kommunikation bringen. „Erzählen Sie doch endlich mal, was Sie denn geschäftlich so treiben. Also ich handle mit Rindern." „Ja, so siehst du auch aus", dachte sich Sir McIntosh, aber er war zu höflich, dies tatsächlich auch laut zu formulieren.

McIntosh: „Na, dann sind wir hier ja gerade richtig auf ‚Cattle's Horn', so heißt doch wohl die Bahn hier." Tatsächlich heißt die Bahn Acht Cattle's Horn, weil hier vor über 200 Jahren einmal ein einsamer Golfspieler von einem Rindvieh auf die Hörner genommen worden war. (Wahrscheinlich hatte er einen Stier durch die Ausführung aufreizender Bewegungen wütend gemacht, aber das ist eine andere Geschichte.)

Man kann nicht sagen, dass Macpherson erfreut über die Antwort war, denn mittlerweile wähnte er bei jedem Wort von Sir McIntosh (auch wenn es wahrlich noch nicht viele Worte waren, die die beiden gewechselt hatten) eine kleine Bosheit. Der Umfang der bisherigen Wortwechsel lässt sich trefflich am Beispiel der Bahn Sieben beschreiben: „Sie haben die Ehre" (beim Abschlag), „Schöner Schuss" (beim Fairwayschlag Richtung Grün), „Bravo" nach dem Einputten und „Eine 5", „Jawohl, ein Bogey" beim Notieren der Schlagzahl auf der Score-Karte.

So fristeten die beiden ihr Dasein bis zum bitteren Ende des Spiels, zumindest fast bis zum Ende, nämlich bis zum Einlochen auf der Bahn Achtzehn. Dort gab es anschließend noch einen förmlichen Händedruck und ein „Vielen Dank für das Spiel", und das schien es dann auch gewesen zu sein. „Was für ein langweiliger Kerl" und „So ein Quasselkopf" – die Gedanken schienen sich in der Luft förmlich zu bekriegen. Anschließend wurde die Stimmung dann aber doch noch etwas freundlicher – und zwar an Loch 19. Nach Abschluss der üblichen Formalitäten – Scorekarten-Vergleich, Säuberung der Schläger und des Spielers – traf man sich wieder, diesmal an der Bar, natürlich bei einem herrlichen alten Whisky. Von dort ging es bald zum traditionellen Dinner, natürlich mit einem herzhaften Steak.

„Dies ist wohl eines Ihrer Rinder gewesen, so wie es schmeckt!", frotzelte der Gentleman im Tweed ganz lässig. Aber Macpherson ließ sich nicht provozieren. „Tja, da muss ich Sie leider enttäuschen, mein Guter", antwortete er. „Es schmeckt zwar hervorragend, aber dennoch ist es keines von meinen, das würde ich herausschmecken. Vielleicht liegt es ja an Ihrer Kleidung. Ist es vielleicht möglich, dass Ihr Geschmack Sie in die Irre führt? Ist es nicht so, dass Tweed einen gewissen Geruch verströmt und so den Geschmack diverser Speisen verändern kann?", versuchte sich Macpherson ganz besonders gewählt auszudrücken. Von da an war der Bann gebrochen, so einen feinen, aristokratischen Humor hätte der alte McIntosh dem Neureichen gar nicht zugetraut.

Erstmals unterhielten sie sich jetzt wie richtige Geschäftleute, über ihre Produkte, ihre Ziele und ihre Handelspartner. Und da sie, wie gesagt, beide ihre Hauptgeschäfte im Mittleren Osten machten, fanden sie hier schnell eine breite Basis, auf der sie sich unterhalten konnten. Gemeinsamkeiten wurden entdeckt, und sie konnten viel Interessantes voneinander lernen, z. B. die Handelsetikette betreffend. Nach dem Dinner saßen beide noch lange an einem Zweiertisch im Clubhaus zusammen, bei mehreren Gläsern Whisky und vielen guten Ideen. Eine davon führte rasch und ohne große Umstände zu einem gemeinsamen Projekt, das später unter dem Namen Angus-Tweed-Connection berühmt wurde. Die beiden Herren, die sich mittlerweile richtiggehend angefreundet hatten, vereinbarten, sich gegenseitig ihren Geschäftspartnern nicht nur zu empfehlen, sondern vertraglich jeweils darauf festzulegen, dass nur der unverwechselbare Geruch eines Tweed-Kleidungsstückes den ebenfalls bereits unverwechselbaren Geschmack eines Angus-Rindes zu einem solch individuellen Spitzen-Genuss verhelfen kann, wie es noch nie zuvor möglich gewesen war. (Dies ist wissenschaftlich zwar nicht ganz haltbar, aber Glaube versetzt schließlich Berge.)

Man war sich einig. „Das Geschäft wird gemacht – und zwar nicht weil, sondern obwohl wir zusammen im Flight gespielt haben!". Unter großem Gelächter und unter Ehrenmännern wurde auf der Rückseite der Whiskykarte jene Vereinbarung unterzeichnet, die beiden im Laufe der folgenden Jahre einen riesigen Gewinn bescherte, und wer das nicht glaubt, der sehe nach im Handelsregister sowie in den einschlägigen Finanz- und Wirtschafts-Zeitschriften.

9 › Loft

Er kannte jedes technische Detail, das im Golfsport eine Rolle spielen kann, darunter mindestens ein Dutzend Arten, wie man bei der Ballansprache stehen kann, er kannte die gängigen Griffarten, er beherrschte zumindest theoretisch die wichtigsten Schwungformen der Top-Profis, er hatte sogar selbst einen schönen Schwung. Er konnte den Einfluss von Windrichtung und Windstärke auf die Flugbahn fast mathematisch genau berechnen und wusste natürlich genau Bescheid über die Abhängigkeit der Flughöhe von der Steilstellung des Schlägerblattes. Er wäre ja so gerne ein Scratch-Golfer gewesen, am liebsten mit einem Handicap von höchstens −3 aber irgendwie war er gar nicht glücklich mit der Qualität seines Spiel – irgendetwas in seinem Leben war anders gelaufen, als er es sich gedacht hatte.

Loft war schon ein seltsamer Name für einen ambitionierten Bogey-Golfer. Loft kam aus einer altehrwürdigen Familie aus dem kleinen Örtchen St. Elsewhere, und so glaubte jeder, sein etwas ungewöhnlicher Vorname sei genauso alt und ehrwürdig. Letztlich wusste aber niemand so richtig mit diesem Namen etwas anzufangen. Manche meinten, es sei ein uralter Name aus der Zeit der Kelten, andere hielten ihn für eine Verballhornung aus dem Angelsächsischen, oder war er sogar ein Überbleibsel aus der Zeit der Wikinger? Jedenfalls hieß er Loft, und so war es wohl auch in seiner Geburtsurkunde eingetragen – aber auch das wurde von so manch einem der Nachbarn bezweifelt. Man nannte ihn Loft – den Ernsthaften. Jeder der Älteren im Ort kannte ihn von Kindesbeinen an: Loft war schon als Kind immer sehr still gewesen, immer etwas zurückgezogen, nicht wirklich kontaktscheu aber irgendwie immer ein Einzelgänger. „Sei doch nicht immer so ernst!", hatte die Mutter sein Leben lang zu ihm gesagt. Er wollte immer alles wissen, allen Dingen auf den Grund gehen, alles erkunden. So kam es, dass er eines Tages vor lauter Wissensdurst vergessen hatte, dass er nicht nur Fragen, sondern auch Freunde hatte oder haben konnte, und so wurde er zum Einzelgänger. Er hatte auch keine Geschwister, mit denen er als Kind Spielzeuge und Süßigkeiten oder zumindest seine Zeit hätte teilen müssen, und so war es nicht verwunderlich, dass er sich schon als kleiner Junge oft auf dem Golfplatz herumtrieb. Anfangs einfach nur so, um den Großen zuzuschauen, wie sie mit Geschick und Begeisterung den Schläger schwangen und diesen Schwung übten. Er lernte schnell, durch Zusehen und Nachahmen, und heute, mit seinen 37 Jahren, war er bei einem Handicap von 13,1 angekommen, und hier verharrte er auch, schon seit Jahren, dabei wäre er, wie gesagt, so gerne ein Scratch-Golfer mit einem einstelligen Handicap gewesen.

Wie kam das? Er verstand es nicht. Hatte er doch alle Standardwerke zur Analyse des Golfschwungs akribisch gelesen, sämtliche Lehr-Videos vorwärts und rückwärts in sich aufgesogen, alle Tipps von mindestens zehn verschiedenen Pros der umgebenden Clubs (und natürlich auch die von Mr. Putter) aufgenommen, durchdacht, ausprobiert. Es gelang ihm sogar fast immer, aus den Tipps, die man ihm gab, etwas für sich zu gewinnen, aber letztlich brachte es ihn nicht weiter. Seit 10 Jahren pendelte er jetzt schon zwischen einem Handicap von 11 und 13 hin und her, zur Zeit lag er sogar noch etwas darüber – es war zum Verzweifeln!

An einem mürrischen Tag war er mit Harvey, seinem Nachbarn und alten Freund aus Kindertagen, auf der Runde. „Eigentlich bist du doch ein netter Kerl, Mensch, was ist denn eigentlich los mit dir? Du bist jetzt bald vierzig und hast immer noch keine Frau!", begann Harvey urplötzlich nach dem Abschlag auf der Drei. „Du bist ein freundlicher Typ, so wie ihn die Frauen mögen, hast einen guten Job in der Whisky-Destillerie von Lord Sandwedge, bist aber trotzdem nur selten einmal wirklich lange im Pub, und du hast auch sonst kein richtiges

Laster. Du hättest Mary heiraten sollen, als sie noch bei dir war, das war ein tolles Mädchen, und sie hat zu dir gepasst." „Hat sie nicht!", antwortete Loft, „du weißt doch, sie hatte für das Golfen nichts übrig. Sie war zwar nicht auf mein Geld oder auf Kinder aus, war fleißig und sah auch recht ordentlich aus – aber nicht golfen? Sie hat für meinen Sport überhaupt kein Interesse gezeigt. Kein Interesse, wie soll das gehen? Ich habe versucht, ihr zu erklären, wie die Flugbahn sich ändert, wenn man den linken Fuß leicht nach vorne stellt und dann das Schlägerblatt etwas schließt, so wie es David Swingbetter (berühmter Golf-Guru, Anm. des Autors) gerne erklärt, ich habe also nur versucht, ihr wirklich nur die allereinfachsten Grundlagen eines schönen, leicht Draw-betonten Schlages nahezubringen. Weißt du was sie gesagt hat?: „Wozu brauche ich das?!" – Wozu brauche ich das!! Ich plage mich Tag für Tag mit einer sauberen Flugbahn herum, kriege dabei nicht die Weite, die ich gerne hätte, und sie fragt mich ‚wozu brauche ich das?' Da fehlen mir einfach die Worte!"

Loft hatte am Abschlag der Bahn Vier mittlerweile seinen Ball sorgfältig auf dem Tee platziert, exakt 1,5 cm über dem Grund, da bin ich mir sicher, und hatte sein Dreier-Holz bereit in der Hand. Die Ansprechposition war vorbildlich, die Rumpfhaltung perfekt, der Rückschwung zügig und ruhig, der Durchschwung dynamisch und kraftvoll, der Schlag phantastisch. Nach 220 Metern kam der Ball nach einem leichten Draw mitten auf dem Fairway zu liegen, mit Blick aufs Grün. Aber sogar zwei Bahnen weiter hörte man ihn immer noch schimpfen: „So etwas Blödes!", und: „Wozu brauche ich das?!"

Sein guter alter Freund Harvey war ein besonnener Typ, nicht zu still, aber auch nicht gerade ein Draufgänger im Leben. Auch er dachte über Schwungtechniken nach und versuchte, sein Handicap (damals hatte er gerade einmal die 25 erreicht) zu verbessern, auch er betrachtete das Golfspiel aus einer ganz ernsthaften Warte, aber er konnte abschalten.

Für ihn gab es mehr im Leben als nur Golf, zum Beispiel samstags ein schönes Rugby-Spiel (als Zuschauer, früher hatte er auch selbst gespielt) oder in den Ferien eine längere Segeltour mit seinen zwei Söhnen. Er spielte auch liebend gerne Golf, aber alles hatte schließlich seine Grenzen. „Du musst dir einmal ernsthaft Gedanken über dein Leben machen, good boy!", sagte Harvey zu ihm, als sie schon kurz vor dem Grün standen. „Ich bin ernsthaft!", erwiderte Loft heftig, „ich denke ständig darüber nach, wie ich mein Leben befriedigender gestalten könnte. Freude, Erfolg, Partnerschaft, was gibt es Schöneres auf dem Golfplatz!" – „Nein!" entfuhr es da dem sonst ruhigen Harvey, „Eben nicht nur auf dem Golfplatz! Das Leben hat mehr zu bieten als nur einen schönen Schwung, eine gute Weite oder eine Verbesserung des Handicaps. Freude, Erfolg, Partnerschaft – das gibt es nicht nur auf dem Golfplatz. Sag mal: was suchst du eigentlich auf dem Platz? Was glaubst du hier zu finden? Du läufst doch vor irgendwas davon."

Diese Worte trafen Loft wie ein Schlag mit einem Eisen 5. Harvey war sein bester Freund, und an geselligen Abenden hatten sie sich schon öfter einmal die Meinung gesagt, wohlwollend, spaßig oder auch einmal kurz im Streit, aber so etwas hatte er ihm noch nie gesagt. Das Schlimmste war: Wahrscheinlich hatte er recht. Loft stand kraftlos da, wie in einer Lähmung erstarrt und unfähig, den Kopf hoch und den Schläger gerade zu halten. Szenen seines Lebens flitzten an ihm vorbei, schnell wie ein Ball am Abschlag. Da war Mary, wie sie ihm an einem wunderschönen Abend – die strahlende Sonne war gerade hinter malerischen Schäfchenwolken ein letztes Mal hervorgekommen – mitteilte, dass sie ihn verlassen würde. Sie könne ihn ja mit dem Golfplatz teilen, hatte sie gesagt, aber bitte wenigstens fifty-fifty, und nicht 10:90. Sein Leben schien mit einem Mal wertlos geworden zu sein, alles zerfiel, das Buch seines Lebens wurde gnadenlos zerfleddert, verrissen, weggeworfen. Jener wunderbare Abschlag auf der Elf, den er – wann war es doch gleich? – bei jenem Turnier hingezaubert hatte, wo er zum ersten Mal Netto-Sieger in der Klasse B wurde, tauchte vor ihm auf und verschwand gleich wieder, weggeweht wie ein vertrocknetes Blatt, das auf der Puttlinie lag, aber auch Gedanken an seine erste Trainerstunde, als ihn der alte Pro so freudig ob seiner perfekten Haltung lobte. Diese und viele andere Erinnerungen tauchten auf und verschwanden sofort wieder im heftigen Nordwind, den er auf der Bahn Achtzehn so liebte. Jetzt fiel ihm auf, dass er damals nur Szenen aus seinem Golfer-Dasein zu sehen bekam. Warum nur diese? Warum keine Erinnerung an seine Kindheit zuhause bei den Eltern, von Freunden in der Schule, von seiner Arbeit in der Destillerie, aus dem Pub mit Freunden und Kollegen? Er spürte es, da war etwas, ein großes Geheimnis, das ihn daran hinderte, sein Leben zu gestalten und zu genießen. Er würde jetzt nicht darauf kommen, dieses Rätsel würde vielleicht nie gelöst werden. Endlich kam er wieder zu sich. Er stand hier, mit hängenden Schultern, am Abschlag der Bahn Vier und sinnierte über sein Leben. Jetzt bemerkte er es auch: Er hatte Tränen in den Augen. Was war nur los?

Langsam, fast wie in Trance, ließ er das Dreier-Holz, mit dem er gerade eben noch so einen wunderbaren Abschlag produziert hatte, in seinem Bag versinken, streifte den weißen Handjoy-Handschuh ab und verstaute ihn in einer Seitentasche. Dann schwang er sein Trage-Bag auf den Rücken und sagte zu Harvey: „Ich glaube, ich muss jetzt nachhause. Mir geht es gar nicht gut, und ich kann nicht mehr weiterspielen. Ist das o.k. für dich?" Natürlich war es o.k. für Harvey, der längst gemerkt hatte, was mit seinem Freund los war. „Ich spiele auch nicht weiter, kann ich dir helfen? Kann ich dich heimbringen, oder darf ich dich noch zu einer Tasse Tee einladen?" – „Nein, bitte nicht", hatte Loft geantwortet und seinem Freund auf die Schulter geklopft, „ich möchte jetzt lieber alleine sein und eine Weile die Augen zumachen, meine Schläger werde ich auch später erst reinigen." Erneut kämpfte er mit den Tränen.

Harvey hat seinen Freund danach lange nicht gesehen. Weder auf dem Platz, nicht auf der Straße und auch nicht im Pub. Eine erste email blieb unbeantwortet, und so ging es auch etlichen weiteren emails danach, vielleicht verschwanden sie im Spam-Filter oder wurden versehentlich gelöscht. Nach zwei Monaten erhielt Harvey einen Anruf von Mary. Sie fragte bei ihm nach, ob er vielleicht ein paar alte Damenschläger für sie hätte. Sie würde gerne auf die Driving-Range gehen und vielleicht auch Trainer-Stunden nehmen.

10 › Mr. Greenfee, der Angeber

Wir spielen Golf, weil es Spaß macht. Das klingt ganz einfach und scheint selbstverständlich, es soll aber auch Menschen geben, die spielen Golf, um sich zu präsentieren oder darzustellen, kurz: um anzugeben. Da ist es nicht mehr von Bedeutung, ob man auf landschaftlich schönen Plätzen spielt – exklusiv müssen sie sein! Und teuer! Und das Spiel muss nicht erholsam sein – der Spieltag muss ein „Event" sein. Man muss auch nicht unbedingt gut spielen, denn um das Handicap kann man sich schließlich anderweitig „kümmern"!

Bei lokalen Turnieren in St. Elsewhere war man in der Regel unter sich, selten meldete sich ein auswärtiger Gast an, und der war in der Regel irgendwie dann doch weitläufig mit den McGolfs verwandt. Eines Tages jedoch meldete sich ein tatsächlich Fremder namens Greenfee zu einem lokalen Turnier an. Mr. Greenfee war eine besondere Erscheinung. Intensiv wohl riechend, die Frisur modisch gestylt, der Anzug, die Krawatte, der Hut, die Schuhe (und sicher auch die Unterwäsche) waren von einer solchen Exklusivität, die von ihm durchaus auch zur Schau gestellt wurde, dass man vor Neid erblassen konnte, wenn man in seine Nähe kam. Man roch das Geld, und man sollte es auch riechen.

„Sie haben hier doch den angeblich ältesten Golfclub der Welt, na dann wollen wir doch mal sehen, was Sie zu bieten haben!", brachte er sich ins Gespräch. Mrs Rough, die Haushälterin der McGolfs saß gerade an der Rezeption und nahm die Anmeldungen für das Turnier auf. Der Auftritt von Mr. Greenfee machte mächtig Eindruck auf sie, nur nicht so, wie er sich dies wohl vorgestellt hatte.

Der Most Ancient Golf Club Of St. Elsewhere war ein kleiner, ich möchte sagen bescheidener Club. Fremde verirrten sich, wie gesagt, nicht allzu oft hierher, und so war die Spielgebühr, die man sich für

Nicht-Clubmitglieder überlegt hatte, nicht allzu hoch. 12 Pfund sollten es sein, hatte Lord Driver einmal vorgeschlagen, manchmal waren es in der Vergangenheit aber auch nur 10 Pfund gewesen, die verlangt worden waren, vielleicht bei besonders netten und freundlichen Gästen. So genau wusste Mrs. Rough gar nicht Bescheid darüber, denn meistens übernahm Rescue, der Caddy, diese Aufgabe an der Rezeption, manchmal auch der Pro aus dem Pro-Shop, Mr. Putter.

Spontan hatte sich Mrs. Rough für einen angemessenen Preis entschieden. „Das macht 35 Pfund, mein Herr", tönte es spontan aus ihr heraus, denn sie konnte diesen Menschen, der sich da vor ihr aufgebaut hatte, nicht ausstehen, so viel stand nach dem ersten Blick schon einmal fest. Und wer Mary Rough kannte, der wusste, dass sie auch noch einen viel höheren Preis hätte nennen können, so wie sie sich fühlte.

„Wissen Sie, ich war schon auf vielen Golfplätzen dieser Welt – Pebble Beach, Valderrama, Dubai – aber so etwas wie hier habe ich ja noch nie erlebt. Hier ist ja gar nichts los! Den Platz habe ich mir ganz kurz einmal vorhin angesehen, der scheint ja ganz ordentlich gepflegt zu sein. Aber das Clubhaus! Das soll ein repräsentatives Clubhaus sein, des ältesten Golfclubs der Welt würdig? Besteht die Gastronomie hier etwa aus diesem einen einzigen Raum? Was kann ich denn hier überhaupt einnehmen?", fuhr er fort, seinen Beliebtheitsgrad bei Mary zu steigern. Er kenne da ganz andere Gastronomien der Weltspitze, und Clubhäuser ganz anderer Kategorie.

„Sagen Sie bloß, gute Frau, die Portion Haggis, die dort vorne an der Theke angeboten wird, ist das einzige, was ich hier zu essen bekomme, hahaha!", sagte er, lachte und freute sich über seinen vermeintlich guten Witz. „Da muss ich Sie leider enttäuschen, GUTER MANN (und sie sprach dies noch etwas prononcierter aus als es hier zu lesen steht), die Portion Haggis ist für den Herrn Pfarrer, der sie speziell für sich bestellt hat. Für Sie kann ich etwas Mulligatawny-Suppe heißmachen, wenn Sie wollen, aber erst nach dem Turnier, wie für alle anderen Spieler auch.", entgegnete sie, konnte aber überhaupt nicht darüber lachen und freute sich auch überhaupt nicht, weil sich ihre Stimmungskurve zunehmend steiler nach unten bewegte.

„Na gut", fuhr der im Smalltalk erfahrene Greenfee fort, „war ja auch nur ein Scherz, nicht wahr!" Das war natürlich nicht wahr, und Mary merkte dies auch sofort. Gottseidank erhielt sie an dieser Stelle Unterstützung durch Mr. Putter, den Pro (der sich in letzter Zeit immer da aufhielt, wo auch Mary zu finden war), denn sonst hätte sich die Situation wohl zugespitzt. Bei solchen Menschen (die zum Glück nur selten ihren Weg kreuzten) wurde Mary immer ganz angespitzt. Mr. Putter bekam allerdings gleich als Nächster die besondere Attitüde des seltsamen Gastes zu spüren. „Sie sind wohl der Pro hier?", fuhr Mr. Greenfee fort, während er Mr. Putter langsam von oben bis unten musterte. „Vorsicht mit dem" versuchten die Augen von Mary zu sagen, aber Mr. Putter war vom seltsamen Ton in der Stimme des Gastes so irritiert, dass er es nicht bemerkte. Greenfee schloss nach einigen abfälligen Bemerkungen mit den Worten, er kenne da ganz andere Pros.

Danach kam Lord Sandwedge an die Reihe. Er kam gerade von einer Ehrengast-Verköstigung aus seiner Destillerie und roch dementsprechend noch etwas nach Whisky, auch wenn er alles andere als angetrunken war. Empfangen wurde er jedoch mit den Worten „Und Sie sind hier wohl der Pro-sit! Hahaha." Sprach's, lachte und freute sich erneut über einen vermeintlich gelungenen Scherz. Lord Sandwedge, der gerade eben erst in die Situation integriert wurde und natürlich noch gar nichts verstand, wunderte sich zunächst einfach nur über den komischen Kauz, den er hier vorfand, wurde dann aber ganz schnell ziemlich ärgerlich, als Mr. Greenfee ihm mitteilte, dass er davon ausgehe, dass seine Whisky-Destillerie wohl auf demselben mittelmäßigen Niveau anzusiedeln sei, wie dieser angeblich so berühmte Golfclub. Er kenne da ganz andere Whiskys.

Nacheinander bekam jeder sein Fett weg. Lady Iron wurde eröffnet, dass sie zwar ganz nett gekleidet sei, aber im Vergleich zu Mailand oder New York, da kenne er ganz andere Moden. Lord Driver erfuhr von ihm (später, während des Turniers, bei dem sie gemeinsam in einem Flight waren), dass er zwar einen ganz guten Schwung habe, aber – wen wundert's – da kenne er ganz andere Größen. Kürzlich habe er mit dem berühmten John Baileys in einem ProAm-Turnier gespielt, ja, der habe einen richtig schönen Schwung gehabt (mit besonderer Betonung auf dem Wort „richtig") und habe den Ball natürlich auch viel weiter geschlagen.

Und so weiter und so weiter. Man mochte es nicht mehr hören. Die Stimmung unserer wackeren Freunde aus St. Elsewhere besserte sich erst zu dem Zeitpunkt, als bekannt wurde, dass dieser Mr. Greenfee nur zwölf Stableford-Punkte gespielt hatte (dabei kenne er doch ganz andere Ergebnisse von sich). Und die Stimmung hellte sich weiter auf, als er kleinlaut die Siegerehrungen vorzeitig verließ, um sich von seinem Fahrer abholen zu lassen, der seinen goldfarbenen Bentley bereits vorgefahren hatte.

Als er dann endgültig fort war, brachen alle zusammen aus voller Brust in ein lautes und lange anhaltendes Gelächter aus. „Dem hast du es aber richtig gegeben, Mary! Bei dem hast du ja ordentlich abkassiert!", lobten sie alle, und Aussprüche wie „Was war das denn für ein Greenfee?!" oder „Der kann ruhig wiederkommen, Mary, was meinst du? So ein Greenfee bringt uns richtig Geld!" machten die Runde. So wurde weiter über Greenfee gewitzelt und gelacht. Und fortan hieß die Spielgebühr für Gäste des Clubs nur noch „Greenfee".

11 › Der gute alte McSwing und die Geselligkeit

„Swing is most important!", so predigen Pros auf der ganzen Welt ihren Schülern. Natürlich stimmt das auch, aber warum das so ist, das weiß kaum jemand. Wir können an dieser Stelle aber Aufklärungshilfe leisten.

Golf ist ein erhabener Sport, der mit großem Ernst betrieben werden muss. Ehrgeiz und Übung, theoretische Kenntnisse des Schwungs sowie eine ausreichende Kenntnis in der Regelkunde sind nicht nur nützlich für ein gutes Spiel, sie sind eine „conditio sine qua non" (neuhochdeutsch würde man sagen: ein „must have"). Was ist es da doch so schön, wenn man manchmal das Glück hat, einen Flightpartner zu bekommen, der einfach nur viel Spaß am Spiel hat, dem die Geselligkeit bei aller Ernsthaftigkeit nicht abhanden gekommen ist. Ein solcher Zeitgenosse war Reed McSwing. Mit einem Lächeln und einem Scherz auf den Lippen kam er daher und stand sofort im Mittelpunkt des Geschehens, ohne dass er sich dorthin gedrängt hätte. Reed McSwing war immer fröhlich, mit seiner guten Laune konnte er seine Mitspieler mitreißen und seine Gesprächspartner fesseln. Mit seiner roten Gesichtsfarbe und seinen roten Haaren sah er immer aus wie das blühende Leben. Er liebte die Frauen, den Whisky und natürlich – das Golfspiel. Er war ein Geschenk für alle Mitspieler (na ja, sagen wir für fast alle, denn einige Neider gab es schon, hie und da). Wo er auftauchte, war Freude angesagt, er war die Garantie für eine schöne Golfrunde, egal wie man spielen würde.

Über einige Ecken war Reed mit den McGolfs verwandt, wie hätte es auch anders sein können. „Meinen Schwung, den „Swing", den habe ich von dir!", pflegte Lord Driver in gewohnter Weise laut dröhnend zu scherzen, wenn er mit Reed spielte oder irgendwo mit ihm spazieren ging oder im Pub mit ihm zusammensaß. „Wenn es dich nicht gäbe, dann gäbe es meinen gewaltigen Schwung sicher auch nicht, vielleicht gäbe es das ganze Golfspiel nicht!" „Ja, wahrscheinlich, Johnny", flaxte Reed McSwing dann in der Regel, „wahrscheinlich hast du recht. Ohne mich hast du eigentlich gar keine Daseinsberechtigung, wahrscheinlich müsste ich eigentlich an deiner statt mit Elisabeth verheiratet sein. Ich werde das gleich mal mit ihr besprechen." Und jetzt war es an ihm, laut polternd loszulachen. Ja, sie verstanden sich gut, die beiden Haudegen. Und so war es nicht verwunderlich, dass man sich auch auf dem Golfplatz häufig traf. So auch an jenem schönen Sommertag, als Lord Driver zu einem Turnier eingeladen hatte.

Es handelte sich hierbei um das sogenannte C-Turnier (C für Celebrities), ein in weitem Umkreis berühmtes, hoch-offizielles Turnier, zu dem nur Personen von Rang und Namen aus Politik, Wirtschaft und Wissenschaft eingeladen waren und das alle drei Jahre stattfand. Lord Driver hatte seine Bürgermeisterkollegen aus der Region eingeladen, samt Gattinen natürlich, Sir Bunker einige Handelspartner aus der ganzen Welt, von denen tatsächlich auch zwei kamen, die sich gerade in Schottland aufhielten. Mr. Putter konnte einige bekannte britische Pros gewinnen, von denen einer sogar Tour-Erfahrung besaß, und die selbstverständlich allesamt außer Konkurrenz mitspielten. Und Pfarrer Godefroy McSaint hatte wie jedes Mal auch in diesem Jahr wieder den Bischof eingeladen, der wohl aus früher Jugend noch die Platzreife besaß, aber bekennender Nicht-Golfer geworden war, und der erwartungsgemäß auch in diesem Jahr wieder absagte, aus klerikal-terminlichen Gründen.

Es sollte ein schöner Tag werden. Man kannte sich seit vielen Jahren, das Wetter war wunderbar, für Speis und Trank war reichlich und gut gesorgt worden, aber irgendwie waren diese hoch-offiziellen Turniere dennoch immer etwas steif. Das fand jedenfalls Lady Iron, und Lady Elisabeth Iron McGolf war ja nun nicht gerade eine Ausgeburt an spontaner Emotionalität. Aber auch ihre Freundinnen und die Männer des Ortes waren sich einig: Hier ging es nicht locker genug zu! Was tun? Nach all den förmlichen Begrüßungen mit Austausch von Höflichkeiten, Sektempfang, Begrüßungsreden und Smalltalk war es nun an der Zeit, zum wichtigsten Punkt des Tages zu kommen, dem Golfspiel. Und obwohl man es sich fest vorgenommen hatte, in diesem Jahr einmal locker drauflos zu spielen, begann das Spiel schon wieder ziemlich hölzern. Bei den Spielern im ersten Flight waren weder die Abschläge mit Holz Eins noch die Fairway-Schläge mit dem Dreier-Holz eine Augenweide. Im zweiten Flight hatte Dr. Montgomery die Ehre, seines Zeichens Professor an der Universität Strathclyde und vielfacher Ehrendoktor, eine weltweit anerkannte Kapazität auf dem Gebiet der frühen Mythologien der neuseeländischen Maori.

Die Anwesenheit von Dr. Montgomery war eines der Highlights am heutigen Tage, nur leider war er selbst gar kein Highlight, wenn es darum ging, einen guten Abschlag hinzulegen. Auf seiner Score-Karte stand zwar ein Handicap von 24, jeder der Anwesenden wusste aber, dass dies ein Zahlendreher war, und es blieb allen mystisch verborgen, wie er zu diesem Handicap gekommen war. Sein Abschlag war so grauenhaft wie viele der Sagen aus seinem Forschungsgebiet. Zuerst hatte er einen Luftschlag produziert und danach einen echten Socket (was Lord Socket zum Schmunzeln verführte), aber das eigentlich Schlimmste war sein Schwung. Das Wort „Schwung" war bei dem Anblick, der sich den Anwesenden bot, eigentlich falsch gewählt. Harte, verkrampfte Muskeln wurden in brutaler Weise gezwungen, unkoordiniert mit einem feindlich wirkenden Gegenstand, dem sogenannten Schläger, in Richtung eines unschuldigen kleinen Bällchens zu dreschen. Die Bewegung war ebenso zackig wie hektisch, und der sonst so saubere, warme Kontakt zwischen der Außenhaut des Balls und dem Sweet-Spot des Schlägerblattes klang hier eher wie ein Unfall.

Und seine Mitspieler waren um nichts besser als er. Das Drama ging mit all seinen Facetten bei all den Direktoren, Lehrern, Ärzten und auch den Vertretern der Politik so weiter – bis zum fünften Flight. Da nämlich begann die ganze Welt sich zu verändern, Licht und Glanz erhellten wieder die irdische Mühsal, und Freude und Frohsinn erwärmten das traurige Dasein, das sich zuvor breit gemacht hatte. Reed McSwing gehörte eigentlich nicht zu den Celebrities, und er hatte bei den bisherigen Turnieren auch noch nie mitgespielt, es hatte sich nicht ergeben. Jetzt aber war er dabei, weil er als Vertreter des Ortes für einen Nachbarn einsprang, der kurzzeitig erkrankt war. Mit seinem Handicap von 15 hatte er die Ehre, die er auch gerne annahm. „Ein schönes Spiel wünsche ich meinen Flight-Kollegen und allzeit guten Schwung!", begann er seinen Auftritt, der so viel Herzlichkeit und natürliche Eleganz ausstrahlte, dass seine beiden Mitspieler, aber auch gleich alle anderen Anwesenden davon angesteckt wurden. Alle Augen wurden wach, die Pupillen weiteten sich, die Köpfe hoben sich, die Atemzüge wurden tief und voll. Man war wieder da! Hier wurde Golf gespielt, Spielkunst wurde zelebriert, aus jedem Wort, aus jeder Bewegung strömten Freude, Kraft und Spiellust. Der Abschlag selbst war nicht einmal gut, eher mäßig, aber darauf kam es jetzt gar nicht mehr an. Längst hatte das Golf-Fieber mit einem Schlag alle Anwesenden gepackt, und es sollte sie nicht mehr loslassen. Seine gute Laune hatte seine beiden Mitspieler sofort angesteckt, und sie hatten auf Bahn Eins einen solchen Spaß, wie schon lange nicht mehr, dieser Reed war einfach zu fröhlich! Und obwohl sie alle drei auf der ersten Bahn ein Doppel-Bogey spielten, scherzten und lachten sie bis zu ihrem Eintreffen am Abschlag der Bahn zwei. Da wartete noch der Flight vor ihnen, der bedauernswerte Lord Sandwedge mit zwei knurrigen, schlechtgelaunten Golfern, einem suboptimal spielenden Lehrer und einem langweiligen Banker. Schon von ferne hatten sie die Lautstärke des Flights hinter ihnen vernommen und dies höchst missbilligend festgestellt. Als sie aber freundlich gegrüßt wurden, als sie die natürliche Ausstrahlung der fröhlichen Menschen hinter ihnen in sich aufnahmen, da waren sie mit einem Schlag wie umgewandelt, spürten eine ungeahnte Entspannung in sich, eine wohltuende Ruhe.

„Wie spielt ihr denn?", fragte Reed eine Frage, die üblicherweise nicht gestellt werden darf. „Na ja, es geht so!", kam die ehrliche Antwort, die mit einem mitfühlenden Gelächter quittiert wurde, „das ist bei uns aber auch nicht anders! Man müht sich so ab." Und schon war die Verbundenheit da, die Wellenlänge stimmte, man war unter Seinesgleichen!

Und so ging es weiter. Die Flights vor und nach ihnen wurden über unsichtbare Kräfte von der Macht und der Fröhlichkeit des Fünften Flights erfasst, und als die ersten Flights schon wieder – mühselig und beladen – Richtung Clubhaus unterwegs waren, da trafen sie auf den Nachbarbahnen auf Spieler, die das Leben und das Golfspiel liebten, die fröhlich lachten und sich freuten, die Golf spielten. Dabei war es gar nicht einmal so, das Reed McSwing besonders gut spielte, er brachte aber seinen natürlichen Schwung mit all seinen Fehlern und Vorteilen ins Spiel und riss damit alle mit. Am Ende, beim feucht-fröhlichen Beisammensein nach der Siegerehrung im Clubhaus, da waren sich alle einig: Reed McSwing sollte der Spieler des Tages sein, auch wenn er nach mittelmäßigem Spiel keinen der üblichen Preise (Longest Drive, Nearest to the pin, usw.) gewinnen konnte. Der Abend wurde noch sehr feucht und sehr fröhlich, und er blieb allen in fester und guter Erinnerung. Und so war es bald nicht nur im kleinen Örtchen St. Elsewhere an der Ostküste Schottlands ein geflügeltes Wort geworden: Ohne lockeren Swing kein gutes Golf! (Wir erinnern uns: „Schwung" gleich „Swing".)

12 › Dr. Score – oder die Last mit den Regeln

Wer kennt ihn nicht, den Flightpartner, der in jeder auch noch so absonderlichen Situation etwas zum Golf-Regelwerk sagen kann? Egal ob der Ball auf einem losen Ast direkt am Rand eines Kaninchenbaus zu liegen kommt (noch ungewöhnlich beschaffener oder schon regulärer Boden?), ob einer der Flightpartner beim Putten mit einer Hand den Flaggenstock aus dem Loch herausnimmt und mit der anderen Hand den Ball einlocht (erlaubt?) oder ob der Ball vom mitgebrachten (angeleinten!) Hündchen gepackt und weggetragen wird (Strafpunkte?)? Richtig, wir alle kennen diese Version eines Mitspielers, der uns so vorkommt, als wisse er alles. Wir können dann in der Regel nur staunen, zweifeln oder schimpfen. Das ist dann der Moment, wo wir uns immer wünschen, selbst besser Bescheid zu wissen!

Dr. Reginald Score war einer von diesen Regelkünstlern. Schon sein Name war Programm: Aus dem Germanischen kommend bedeutet Reginald so viel wie „Ratgeber des Fürsten" – als ob wir so etwas beim Golfspiel brauchen könnten! Dazu war er auch noch Doktor der Juristerei, und das auch noch von der University of Strathclyde in Glasgow, nicht einmal von der Ostküste! Es sprach also nicht viel dafür, dass dieser Herr allein durch sein Erscheinen schon sonderlich beliebt sein würde. Er trug es mit Gelassenheit, denn er war es gewohnt, *bewundert* zu werden, er wollte nicht *beliebt* sein. Und so kam es, wie es kommen musste: Es passierte im Flight mit John Lord Driver, dem alten Haudegen, dem keiner so leicht etwas vormachen konnte, dem Präsidenten unseres Most Ancient Golf Club Of St. Elsewhere.

Lord Driver's Abschlag auf der Bahn Eins war, wie man es so nennt „vom Feinsten". Der Ball war weit geflogen und lag mittig auf dem Fairway, mit herrlichem Blick auf die Fahne. So wie man es sich als

Golfer immer wünscht. Er war zu Recht stolz auf sich. „Ich bin mir sicher, Ihr Ball befand sich beim Abschlag vor der gedachten Linie zwischen den sogenannten Vordergrenzen der Abschlagsmarkierungen, nicht dahinter. Damit befand sich der Ball nicht auf dem „Abschlag", dem „Ort, an dem das zu spielende Loch beginnt". Damit haben Sie gegen Regel 11–4 verstoßen, wir zählen also zwei Strafpunkte für Sie." Lord Driver glaubte seinen Ohren nicht zu trauen. Er und den Ball falsch legen beim Abschlag! Das war ihm doch noch nie passiert. „Mein Ball lag erstens gar nicht am Boden, und zweitens sieht man deutlich am Einstichloch meines Tees, dass der Abschlag regulär war. Dieses Einstichloch befindet sich eindeutig auf der gedachten Linie zwischen den Abschlagsmarkierungen, und das ist erlaubt." – „Ja, damit allein hätten Sie recht, aber erstens habe ich nicht behauptet, dass Ihr Ball falsch lag, ich sagte, er befand sich vor der Linie. Und das war tatsächlich der Fall, denn das Tee war nach vorne geneigt, und es war ein sehr langes Tee, somit befand sich der Ball vor der Linie. Zwei Strafpunkte!" Kurzzeitig huschte ein listiges Grinsen über das Gesicht von Dr. Score. „Das hätten Sie mir auch vorher sagen können, nicht erst, wenn ich schon abgeschlagen habe!" Lord Driver war sichtlich erschüttert. Jeder kann schließlich einmal sein Tee zu weit vorne einsetzen, ich bin mir sicher, dass dies der Hälfte der Leserschaft schon einmal passiert ist. In so einem Fall macht man sich fairerweise gegenseitig darauf aufmerksam und lässt den Mitspieler nicht in sein Verderben rennen – dachte sich Lord Driver. Nicht so jedoch Dr. Score, der schien sogar ein wenig Gefallen daran gefunden zu haben, Lord Driver auf dieses Missgeschick hinzuweisen.

„Ich bin nicht dazu da, Sie auf Ihre Fehler aufmerksam zu machen" konstatierte Dr. Score und dozierte mit erhobenem Zeigefinger weiter: „Jeder ist für sein Spiel selbst verantwortlich!". Jetzt war sein Grinsen gleichmäßig über das ganze unsympathische Gesicht verteilt.

Dr. Score ließ auch keinen Widerspruch zu, und das schon zu Beginn eines Turniers, bei dem es Lord Driver sehr darauf ankam gut abzuschneiden, nach Möglichkeit das 1. Netto zu gewinnen. Schließlich ging es um den beliebten Jahrescup von Lord Legis (wenn Lord Driver an dieser Stelle gewusst hätte, dass sich dieser Name auch noch vom lateinischen Wort „lex", Gesetz, ableitete, hätte das Spiel für ihn möglicherweise nochmals einen ganz anderen Verlauf genommen!).

Wir kennen die Bahn Eins, ein Par 4 Dogleg nach rechts. Der Abschlag von Lord Driver war richtig gut gewesen, weit und sicher auf der abgekürzten Linie geschlagen, lag der Ball in Lobwedge-Entfernung zur Fahne. Nun sollte er aber nach Regel 11-4 seinen Abschlag wiederholen. Lord Driver war ein freundlicher, im Grunde gutmütiger und verträglicher Kerl, der manchen Spaß verstand, austeilen aber auch einstecken konnte. Ein Raubein, aber ein liebenswürdiges Raubein. Wo er aber gar keinen Spaß verstand, das war, wenn jemand keinen Spaß verstand, und das auch noch auf seine Kosten.

„Was meinen Sie, soll ich meinen absolut herrlichen, wunderbaren Abschlag jetzt wiederholen und ihn genauso wieder auf der Abkürzungslinie Richtung Vorgrün schlagen?", fragte er Dr. Score im Scherz, mit unüberhörbar ironischem Unterton. Der jedoch dachte dabei keineswegs an einen Scherz, er dachte an Regel 8-1, Belehrung. „Sie bitten mich um eine Belehrung, ich werde nicht den Fehler begehen, Ihnen diese zu geben. Allein Ihre Bitte allerdings kostet Sie zwei Strafpunkte!", entgegnete ihm der ehrenwerte Dr. Score – und damit hatte er wohl recht, oder etwa nicht? Lord Driver war sprachlos, mittlerweile nicht mehr nur vor Erstaunen, sondern jetzt schon eher vor Zorn. Seine Nüstern bebten so heftig, dass sein gewaltiger Schnauzbart zu flattern begann. „Ich habe Sie doch nicht im Ernst fragen wollen, wie ich meinen Schlag machen soll, oder glauben Sie das etwa, Sie Super-Kenner?" – „Was ich glaube oder nicht, spielt hier keine Rolle.

Ich halte mich nur an die Regeln, und Regel 8-1, Absatz b), besagt nun mal, dass ein Spieler „nicht von irgendjemand anderem außer seinem Partner oder seinem Caddie Belehrung erbitten" darf. Sehen Sie dort nach!" Das Grinsen im Gesicht von Dr. Score war einer unnachgiebigen Härte gewichen.

An dieser Stelle meldete sich der dritte Flightpartner, Mr. Yip, zu Wort. Er versuchte aufzutrumpfen: „Ja, prinzipiell könnten Sie Recht haben, mein Guter, aber Lord Driver hat ja nur nach der Spiellinie gefragt, und nach Regel 8-2 darf sich ein Spieler außer auf dem Grün „die Spiellinie von jedermann angeben lassen!" Er versuchte so triumphierend wie möglich zu wirken. Auf Dr. Score hinterließ das allerdings keine große Wirkung. Betont langsam und herablassend wandte er sich dem armen Mr. Yip zu und begann ihm zu erklären, dass es sich in diesem Fall nicht um die Spiellinie selbst handelte, sondern um den Ratschlag, welche Spiellinie wohl die beste sei, also wie der Schlag ausgeführt werden solle oder müsse, und hierbei handele es sich doch wohl ganz sicher um den Versuch, eine Belehrung zu erhalten. Zwei Strafpunkte. Mr. Yip wurde erst ziemlich kleinlaut und gab dann noch ein unverständliches Gemurmel von sich bevor er schließlich ganz verstummte. Dr. Score jedoch hörte nicht auf zu dozieren, jetzt machte es ihm sichtlich Spaß! Ausführlich trug er die Regel 8-1 vor, minuziös mit Punkt und Komma und etlichen Beispielen und sogenannten „Decisions", den berühmten Entscheidungen zu Sonderfällen. Lord Driver musste sich diesen Vortrag wohl oder übel anhören, bis er endlich seinen Schlag wiederholen durfte. Der Flight hinter ihnen begann schon sichtlich nervös zu werden, weil das Spiel nicht voranging. – Nebenbei bleibt auch noch zu erwähnen, dass sich auch Mr. Yip zwischenzeitlich zwei Strafpunkte aufschreiben musste, weil er nämlich vor lauter Aufregung mit dem Ball abgeschlagen hatte, den Lord Driver für sich selbst hingelegt hatte (falscher Ball, Regel 15-3).

Nun hatte das Turnier doch eben erst angefangen, und der arme Lord Driver hatte sich bereits 4 (vier!) Strafpunkte aufschreiben müssen. Konsterniert – denn so etwas und so jemanden hatte er noch nie erlebt – ließ er einen Moment lang die Flügel hängen, aber schnell kam seine Kampflaune wieder, und diesmal stärker als zuvor, vielleicht stärker als jemals zuvor. „Na warte, du Regel-Heini!", dachte er sich, „dir werde ich jetzt zeigen, wie ich auch trotz deiner blöden Schikanen ein sauberes Spiel hinlegen kann. Ich werde diese vier Strafpunkte aufzuholen und das wird mir eine ganz besondere Freude sein. Und dann wird das dein letztes Spiel auf meinem schönen Golfplatz sein. Wozu bin ich hier der Präsident?" Er fand das Verhalten dieses Dr. Score einfach nicht in Ordnung, das war nicht recht, und mit Recht und Ordnung in seinem Golfclub und auf seinem Golfplatz kannte er sich schließlich aus!

Dr. Score hatte mittlerweile auch abgeschlagen. Sein Ball lag gar nicht einmal schlecht, eigentlich sogar recht gut, viel zu gut nach dem Geschmack von Lord Driver, aber noch gut 30 Meter vor dem „Knie" (wir erinnern uns, ein Dogleg nach rechts). „Sagen Sie mir doch bitte", begann Lord Driver an dieser Stelle „wie wäre das eigentlich zu werten, wenn ich Ihnen jetzt erklären würde, wie Sie den Ball am besten schlagen müssten um gut vorzulegen?", ging Lord Driver fragend auf Dr. Score zu. „Selbstverständlich müsste ich Ihnen zwei Strafpunkte aufschreiben!", blühte Dr. Score auf, ohne zu merken, in welche Falle er gleich tappen sollte. „Und wenn ich den Eindruck hätte, dass Sie dies von mir erwarten? Müssten Sie sich dann selbst auch zwei Strafpunkte aufschreiben?", bohrte Lord Driver weiter. Sichtlich aufgeregt begann Dr. Score erneut zu dozieren, sämtliche einschlägigen Entscheidungen zu den Regeln einbeziehend. Er tat dies so engagiert, es machte ihm offenbar eine solche diebische Freude, dass er sich jetzt richtiggehend in einen Rausch hineinredete. Dabei bemerkte er nicht, dass der Flight hinter ihnen mittlerweile bereits äußerst ungehalten über die ständigen

Verzögerungen war. Einer von ihnen begann sogar schon mit den Armen zu fuchteln, eindeutig als Aufforderung weiterzuspielen.

Jetzt kam der Moment für Lord Driver. „Ich habe das Gefühl, Sie mögen mich nicht", begann er, „haben Sie eigentlich etwas gegen mich, mögen Sie mich nicht?" Dr. Score wollte gerade ausholen, hatte bereits ein triumphierendes Lächeln auf seinem Gesicht, doch Lord Driver ließ ihn nicht mehr zu Wort kommen. „Sowohl mein Freund, Mr. Yip, als auch ich haben den Eindruck, Sie wollen uns ärgern, nehmen also keine Rücksicht auf uns. Sie stören uns beim Spiel, Sie verzögern bereits zum dritten Mal völlig unangemessen das Spieltempo, und außerdem sind wir beide fest der Überzeugung, dass Ihnen der „wahre Geist des Golfspiels" fehlt. Das sind drei eindeutige Verstöße gegen die Etikette, und die Spielleitung unseres altehrwürdigen Clubs sieht dies auf unserem altehrwürdigen Platz als schweren Verstoß gegen die Etikette an. Ich werde den Antrag stellen, Sie nach Regel 33-7 (Verstoß gegen die Etikette) zu disqualifizieren!"

Lord Driver wusste genau, dass dies ein Bluff war. Aber er trug ihn so überzeugend vor – was ihm in seiner Rolle als Präsident des Clubs nicht so schwer fiel – dass Dr. Score schlagartig erbleichte. Er wurde sogar so fahl im Gesicht, dass man Sorge haben musste, er könne gleich umfallen. Lord Driver hatte diese Sorge allerdings nicht und redete unbeirrt weiter. „Ich fühle mich ungeheuer verunsichert durch Ihre unsportlichen Machenschaften. Ich weiß gar nicht, ob ich weiterspielen kann. Mir ist schon ganz komisch im Kopf. Ich glaube ich leide schon an Schlechtigkeit und Schwindelei!" Dr. Score war die eindeutige Zweideutigkeit der letzten Worte schon gar nicht mehr aufgefallen. Japsend rang er nach Luft und Worten. Luft fand er (Gottseidank), die Worte nicht. Er und disqualifiziert, das hatte es noch nie gegeben. Das Wort hing über ihm wie ein Damokles-Schwert. Bislang hatte immer nur er dafür gesorgt, dass ein anderer disqualifiziert wurde. Diese Blamage, er würde sich nie wieder auf einem Golfplatz in der Region blicken lassen dürfen, der ganze Nordosten würde mit dem Finger auf ihn zeigen, seine golfspielenden juristischen Kollegen würden heimlich über ihn lachen, wahrscheinlich sogar unheimlich. Seine Unfähigkeit würde sich rasch herumsprechen, schon die Kleinsten würden ihn als Buhmann ausmachen. „Das ist Dr. Score, der Blödmann, der sich immer aufspielt, aber in Wirklichkeit keine Ahnung von den Golfregeln hat!", würden sie rufen. Und sie hätten recht, obwohl es ja eigentlich um die Etikette geht, aber auch die ist geregelt, und zwar in Regel 33-7. Wie hatte er dies übersehen können! Er war wirklich unfähig! Man würde ihm auf jedem Golfplatz dieser Welt den Zutritt verweigern. Etikette ist ja schließlich das A und O beim Golfen. Er sah das Ende seiner Golf-„Karriere" gekommen, ja wahrscheinlich bedeutete dies das Ende seiner Karriere als Jurist. Einem, der sich mit so einer simplen Sache wie Regel 33-7 nicht auskannte, konnte man doch unmöglich ein wichtiges Mandat anvertrauen. Ja, er war sich sicher, das Ende war nah. Mit leerem Kopf und leeren Augen packte er sein Eisen Sieben in sein Bag, nahm seinen Trolley und trottete zurück Richtung Clubhaus. Er hatte soeben das Spiel ohne Berechtigung aufgegeben und wurde dafür später von der Spielleitung disqualifiziert (Regel 6-8a).

Lord Driver fühlte sich nach dem unrühmlichen Abgang von Dr. Score von Schlag zu Schlag sichtlich wohler, seine Lebensgeister erwachten von neuem und es gelang ihm, noch eine Wertung von 37 Stableford-Punkten zu erspielen. Damit war ihm zwar nicht der Sieg vergönnt, aber immerhin wurde er 2. Netto-Sieger in seiner Klasse und bekam auch eine Trophäe. Die Sieges-Trophäen beim Legis-Cup waren immer bis zur Vergabe geheim, außer Lord Legis (und natürlich seinen Mitarbeitern) wusste niemand Bescheid, und Lord Legis war immer für eine Überraschung gut. Diesmal erhielt der Sieger einen vergoldeten Golfball (nur Blattgold, aber immerhin), und der zweite Nettosieger erhielt eine vergoldete Score-Karte …

Wie man sich denken kann, war die Freude bei Lord Driver über-schwänglich, er hätte nicht mit dem Sieger tauschen wollen. Zuerst musste er laut prusten vor Lachen und konnte sich kaum halten, als er seine Trophäe sah, dann rief er den Spielern im Clubraum zu: „Ich lade euch jetzt alle zu einem Drink ein, die ganze Runde. Wir trinken auf ‚meinen Score'". Das Gelächter war groß, und dieser Toast mach-te noch den ganzen Abend die Runde, immer wieder hörte man, dass die Feiernden auf „den Score" von Lord Driver anstießen.

Tja, wie ist es denn nun bestellt mit Regeln, Recht und Ordnung auf unserem schönen Golfplatz in St. Elsewhere? Für heute müssen wir die Frage wahrscheinlich offen lassen. Feiern wir mit Lord Driver, Mr. Yip und all den anderen aus dem Clan der McGolfs. Freuen wir uns mit ihnen über einen so schönen Sport. Das mit den Regeln, darüber reden wir morgen. – Nur noch eines: Ob Dr. Score wohl auch ohne seine rechtmäßige Disqualifikation (für seine unbegründete Spielaufgabe) auch für seine anderen „Verfehlungen" disqualifiziert worden wäre? Wir können darüber nur spekulieren.

Anmerkung des Autors: Etwaige Verunsicherungen in Bezug auf die Regelkunde waren durchaus gewollt. Bei Klärungsbedarf empfiehlt sich die Kontaktaufnahme zu einem Fachmann, und falls hierdurch keine eindeutige Klärung zu erzielen ist, kann auch eine Anfrage an das oberste Gremium der Offiziellen Golfregeln in St. Andrews gestellt werden. Der Autor wäre auf die Antwort gespannt.

13 › Der rasende Trolley

Eile hat beim Golfspiel eigentlich nichts zu suchen. Schon immer nahm man sich Zeit für das Spiel, und früher hatten die Golfplätze Schottlands auch unterschiedlich viele Bahnen, je nachdem, wie weit das Wirtshaus entfernt war, in dem man sich nach dem Spiel traf. Die letzte Bahn endete immer genau dort (heute nennt man das vornehm „Clubhaus").

Erst mit zunehmender Zivilisierung der Bevölkerung bekamen alle Plätze die genormte Anzahl von Bahnen, und zwar 18, wie wir wissen. (Diese Zahl hatte sich historisch von selbst so ergeben, denn das war genau die Anzahl von Bahnen, für die eine Flasche Whisky für einen schottischen Durchschnittsgolfer gerade eben ausreichte. Noch ein Grund mehr, es nicht eilig zu haben.)

Seumas McTrolley war alles andere als der typische schottische Golfer. McTrolley hatte es immer eilig. Ihm konnte es nie schnell genug gehen, wenn es darum ging abzuschlagen, und im Spiel war der Flight vor ihm immer der langsame. „Was sind das schon wieder für Schleicher da vorne?", war eine typische Frage, die man von ihm häufig hörte. Und nach der anschließenden Whisky-Runde im Clubhaus war er immer der Erste, der sich verabschiedete.

Während des gesamten Verlaufs des Spiels hatte er es eilig. Ständig war er mit seinen langen Beinen in Bewegung, das hagere Gesicht mit der schmalen Nasenspitze immer nach vorne gerichtet. Wenn er einmal ein Stück zurückgehen musste, weil er einen hektisch verschlagenen Ball nicht mehr fand und zurück zum Ort der letzten Lage des Balles gehen musste, dann war das für ihn ein Drama.

Seumas war ein Tüftler. Damit er schneller vorwärtskam, hatte er für sich extra eine Art Schubkarre auf zwei (ursprünglich sogar drei) Rädern konstruiert, was ihm gestattete, ohne größere Kraftanstrengung schneller vorwärtszukommen. (Diese Konstruktion ließ er sich später patentieren, und er verdiente sich eine goldene Nase damit, da sein „Trolley" bekanntermaßen einen Siegeszug um die ganze Welt antrat. Anm. des Autors). Ja, McTrolley war reich. Und er besaß einen Wesenszug, den man den Schotten immer nachsagt: Er war geizig (meines Wissens nach war er allerdings der einzige Bewohner von St. Elsewhere, den man als wirklichen Geizhals bezeichnen durfte). Er hortete sein Geld und wurde dementsprechend immer reicher, nur hatte er von seinem ganzen Reichtum nicht viel. Er konnte sich jetzt zwar alles leisten, was er wollte, aber glücklicher oder ruhiger war er damit nicht geworden. Er konnte seinen Reichtum nämlich nicht genießen, weil er sein Geld gar nicht ausgab, und die wenigen Dinge, die er sich leistete, konsumierte er ohne viel Genuß, rasend schnell, er „brachte es hinter sich", wie er zu sagen pflegte. Und hier beginnt unsere heutige Geschichte.

„Jetzt schleich doch nicht so hinter mir her!" Wie oft hatte Minnie McTrolley diesen Satz von ihrem Gatten auf dem Golfplatz schon gehört. „Also hör mal, Seumas, ich schleiche nicht, du rast!" So oder ähnlich klang es immer, wenn die beiden McTrolleys gemeinsam auf der Runde waren. Seumas konnte seiner lieben Frau nicht glauben, obwohl er bei den anderen Club-Mitgliedern längst nur noch „Der rasende Trolley" hieß, das wusste er. „Was glaubst du denn zu versäumen, wenn du eine solche Hektik an den Tag legst, mein Lieber?" Mit ihrer kleinen, rundlichen Gestalt, ihrem freundlichen Lächeln und der inneren Ruhe, die sie ausstrahlte, wäre niemand besser geeignet gewesen, ihrem Mann Ruhe zu vermitteln. Immer wieder hatte sie das versucht, und immer wieder war es ein vergebliches Unterfangen gewesen. Ihr Mann schob sich jetzt seine runde Nickelbrille auf der Nase zurecht, und Minnie wusste schon, was dies zu bedeuten hatte. Sobald seine Brille korrekt saß, legte er los. „Liebe Minnie, du weißt genau, dass ich nicht hektisch bin, ich bin nur schnell und effizient. Du weißt doch, dass ich keine Trödelei mag, es macht mich ganz kribbelig wenn mich jemand in meinem Tatendrang hemmt, wenn mir jemand meine Geschwindigkeit stiehlt." (Das war ein Lieblingswort von ihm.) „Der Flight vor uns, ich glaube da spielt der alte McBramble mit. Der regt mich vielleicht auf! Kann kaum noch laufen und wagt sich dann auf den Golfplatz. Das so etwas überhaupt erlaubt ist. So fußkrank wie der ist, braucht er ja für eine normale Runde schon doppelt so lange wie üblich, und wenn er dann auch noch einen Ball sucht, den er sowieso nicht finden wird, dann ist alles zu spät. Damit verbraucht er so viel Zeit, das geht auf keine Kuhhaut. Ich werde ihm mal sagen müssen, dass er entweder zuhause bleiben oder nur noch Sonntag früh um sechs Uhr hier auftauchen soll. Was der glaubt!" „Nein, Seumas, das wirst du nicht tun!", ereiferte sich jetzt seine Frau. Freundlich aber bestimmt versuchte sie ihm beizubringen, dass andere Menschen, die langsamer spielten als er (und das waren alle anderen), auch eine Berechtigung hatten, sich hier am Golfspiel zu erfreuen. Wenn ihm so ins Gewissen geredet wurde – vor allem von seiner geliebten Frau –, dann bewirkte das bei Seumas McTrolley meist auch eine gewisse Abkühlung. Er kam von seiner Spannung etwas herunter und bewegte sich vorübergehend auf einem niedrigeren Level. Leider hielt das nie sehr lange an.

Auf der anderen Seite musste man ihm zugute halten, dass er nie wirklich böse wurde, er war nur hektisch, und man musste ihm weiter zugute halten, dass er in seinem Tun auch sehr effektiv war, egal ob im Beruf oder auf dem Golfplatz. Das war auch der Grund, warum ihm niemand seine Launen dauerhaft übel nahm, man sah es ihm irgendwie immer nach. Auf manche Spieler wirkte er sogar belustigend.

Auch nach seinem sensationellen finanziellen Erfolg mit der Vermarktung seiner Erfindung wurde Seumas nicht gelassener. Nicht einmal das unvermeidlich zunehmende Alter machte im Laufe der Zeit einen ruhigen Menschen aus ihm. Im Gegenteil, je älter er wurde, desto größer schien sein Anspruch auf Geschwindigkeit zu werden. Die Idee kam ihm auf einer der zunehmend häufiger werdenden Runden, die er alleine, ohne Mitspieler und ohne störende Begleit-Flights auf dem Platz absolvierte. Warum eigentlich musste sich seine innere Geschwindigkeit von Äußerlichkeiten bremsen lassen? Warum sollte er sich Umständen beugen, die ihn zu behindern versuchten? Einer dieser Umstände war die Tatsache, dass ihm sein Gefährt, das mittlerweile nach ihm „Trolley" benannt worden war, zu langsam war. Er hatte keinen Caddie, der ihm seine Ausrüstung trug, und so konnte er nicht so schnell vorwärtskommen, wie er wollte. Und da er von Beruf Ingenieur war und hobbymäßig auch Elektrorasenmäher reparierte, war es nur ein kleiner Schritt für ihn, seinem bis dahin mit Muskelkraft bewegten „Trolley" einen elektrischen Antrieb einzubauen, der es ihm zum einen erlaubte, noch schneller als bislang vorwärtszukommen, und zum anderen gleichzeitig Kraft zu sparen, die er jetzt effektiver für den Golfschwung einsetzen konnte.

Und so kam es, dass Seumas McTrolley nach dem mit der Hand gezogenen „Trolley" auch noch den Elektro-Caddie erfand, mit dem er noch mehr verdiente als je zuvor. Mit diesem war er noch schneller auf dem Gofplatz unterwegs als bisher, und der Spitzname „Der rasende Trolley" war spätestens jetzt mehr als berechtigt. Erst sehr viel später wurde auf Anordnung des Clubpräsidenten bei seinem Gefährt die Höchstgeschwindigkeit begrenzt, nachdem sich einige ältere Damen und diverse Hasenfamilien mehrfach und heftig darüber beschwert hatten, dass sie sich auf dem Golfplatz nicht mehr sicher bewegen könnten. So kam es, dass die heute bekannten Elektro-Caddies auf den Golfplätzen dieser Welt nur noch mit moderater Geschwindigkeit umherfahren. Seumas McTrolley sieht das zwar immer noch nicht gerne, aber er hat sich damit abgefunden – schließlich ist auch er zwischenzeitlich älter geworden, er, der „rasende Trolley".

14 › Bogey und der Ehrgeiz

Einer der wirklich Großen des Golfsports hat einmal gesagt: „Das Schönste am Golfsport ist, dass man draußen in herrlicher Natur, befreit von den Sorgen des Alltags den Schläger schwingen, den Ball treiben und in ein Loch verbringen kann. Und die Zahl der Schläge ist dabei nicht das Wichtigste, denn ohne Ehrgeiz kann man herrlich unbeschwert spielen!" – Wie man sich nur so täuschen kann!

Scott McBogey, ein ferner Verwandter der McGolfs von der Westküste, war ein guter Golfer, ja, das war er. Zumindest was sein Handicap betraf. Meist absolvierte er eine Runde mit etwa 90 Schlägen. In der Regel brauchte er auf jeder Bahn immer einen Schlag mehr als der Platzstandard angab, also z. B. sechs Schläge auf einer Par-5-Bahn, fünf Schläge auf einer Par-4-Bahn etc. Wenn Scott auftauchte, wusste man mit ziemlicher Sicherheit schon am Abschlag, wie viele Schläge er auf dieser Bahn brauchen würde, um einzulochen. Da war er zuverlässig. Er war diesbezüglich ein solches Phänomen, dass seine Mitspieler ihn schon immer mit den Worten frotzelten: „Na, wirst du heute wohl wieder dein „Bogey" spielen?" In der Anfangszeit fühlte sich Scott meist geschmeichelt davon, in letzter Zeit fand er es jedoch immer häufiger einfach nur lästig, daran erinnert zu werden, dass sich seine Spielstärke trotz regelmäßigen Übens nicht verbesserte. Ein Schlag über Platzstandard auf jeder Bahn, das war sein persönlicher Standard, daran schien sich nichts ändern zu lassen. Dabei wollte er doch so gerne besser werden! Was er auch anstellte – 90 Schläge pro Runde, dieses Ergebnis erreichte er weiterhin mit nahezu traumwandlerischer Sicherheit, aber eben nicht mehr. Ab und zu spielte er natürlich auch einmal ein Par, selten sogar ein Birdie, aber in der Regel war es eben ein „Bogey". Mehr und mehr beobachtete er bei sich eine gewisse Verbissenheit, wenn er auf den Golfplatz ging, und auch seiner Frau war bereits aufgefallen, dass er nicht mehr wie früher davon sprach, wie schön sein Spiel gewesen war, sondern immer häufiger, welches Spielergebnis er erreicht hatte.

Lange hatte sie zugesehen, jetzt nahm sie sich einmal ein Herz und sprach ihn darauf an. „Sag mal, Scotty, ich möchte dich mal was fragen. Früher warst du viel lockerer, wenn du vom Golfplatz gekommen bist. Du hast mir erzählt, wie dir das Spiel gefallen hat, hast von guten und natürlich auch von weniger guten Schlägen berichtet, von deinen Flight-Freunden, vom Wetter – aber heute? Heute kommst du meist so verbissen nachhause." Sie begann sich Sorgen um ihn zu machen. „Stimmt irgendetwas nicht? Du bist gar nicht mehr so fröhlich wie früher. Ist irgendetwas nicht in Ordnung, hast du Ärger, bedrückt dich etwas oder hast du irgendwelche Beschwerden?" Scott McBogey konnte seiner Frau auf ihre vielen Fragen gar nicht antworten. Er wusste die Antwort nicht. Er wusste nur, dass er sich mehr und mehr darüber ärgerte, dass er schon seit über zwei Jahren sein Handicap nicht mehr verbessert hatte. Auch nicht verschlechtert, aber eben auch nicht verbessert. „Weißt du", seufzte er, „ich verstehe es nicht. Ich mühe mich ab, mein Spiel zu verbessern, aber es will und will nicht klappen. Jahrelang habe ich mein Handicap kontinuierlich bis auf 18 heruntergeschraubt, am Anfang ist es mir noch leichtgefallen. Kannst du dich noch erinnern, wie ich mich in einem einzigen Spiel von 35 auf 28 verbessert habe? Es ging danach immer nur in eine Richtung, auch wenn es mir zuletzt zugegebenermaßen schon ein bisschen schwergefallen ist. Und als ich dann bei 18 angekommen war, da war irgendwie Schluss."

„Ach, hör auf zu jammern, ich habe bislang nichts davon gemerkt, dass bei dir irgendwie Schluss ist!", versuchte ihn seine Frau etwas anzustacheln und aufzurichten, aber im Gegensatz zu früher konnte er über so etwas nicht mehr lachen. Nur ein gequältes Lächeln huschte noch über sein Gesicht, und gleich war er wieder am lamentieren.

„Du hast ja keine Ahnung", fuhr er fort. „Da übe ich den Abschlag bis zu 100 Mal am Tag, auch den Fairwayschlag, den sogar noch öfter, und manchmal stehe ich zwei Stunden lang im Übungsbunker, alles vergeblich. Ich werde meine Fehler einfach nicht los. Klappt der Abschlag, ist die Annäherung katastrophal, ist der Fairwayschlag in Ordnung, putte ich wie ein Anfänger. Es ist zum Heulen!" „Ja, dann weiß ich was für dich!", nahm seine Frau den nächsten, fast schon verzweifelten Anlauf. „Du gehst vor der Runde auf eine kleine „Übungsrunde", sagen wir, Bahn Eins und Achtzehn, und von dort in den Übungsbunker und auf das Übungsgrün. Dort sammelst du alle schlechten Schläge, entsorgst sie, und alle guten Schläge hebst du dir auf für das Spiel. Und dann erreichst du ganz bestimmt ein super Ergebnis!"

Ich bin mir sicher, dass sie es gut gemeint hatte, aber bei Scotty kam das ganz schlecht an. Bislang hatte er nur das Gefühl gehabt, einfach unfähig zu sein, jetzt aber hatte er zusätzlich das Gefühl, nicht ernst genommen zu werden. Er schüttelte nur den Kopf und ging irgendwo hin, wo er sich selbst bedauern konnte. Für heute war es bestimmt die beste Idee, ihren Mann nicht mehr auf das Golfen anzusprechen, dachte sich seine Frau, und als sie ihn dann später zum Abendessen rief, palaverten sie belangloses Zeug. Sie, weil sie auf ihren Mann Rücksicht nehmen wollte, und weil sie sich, zugegeben, auch ein wenig ärgerte, und er, weil er zu nichts anderem mehr in der Lage war.

So ging das über Wochen und Monate, ohne dass sich etwas Wesentliches verändert hätte. Weder wurde sein Spiel besser, noch seine Laune, noch hob sich die Stimmung seiner Frau. Auch diese wurde nicht besser, im Gegenteil eher noch schlechter. Aber sie wusste sich nicht zu helfen. Was hatte sie schon alles ausprobiert: Sie hatte ihn versucht mit Scherzen aufzuheitern, hatte mit ihm geschimpft, hatte ihm ihre Traurigkeit geschildert und einmal sogar von Verzweiflung gesprochen.

„Was weißt du denn!", explodierte er. „ICH bin verzweifelt, jetzt habe ich dir das schon 100 Mal zu erklären versucht, aber du denkst immer nur an dich! WILLST du mich eigentlich nicht verstehen? Golf ist mein Leben, und ich will mich beweisen! Ich kann besser spielen, das weiß ich, warum klappt es denn nicht? Ich weiß es nicht. Und du könntest mir wirklich auch einmal helfen, statt immer nur an dich selbst zu denken!"

An jenem Abend eskalierte die Situation, und sie ist es nicht wert, an dieser Stelle im Detail erzählt zu werden. Eines aber sei erwähnt: Ein Gedanke, den seine Frau ihm während des Streites unabsichtlich eingegeben hatte, half Scott McBogey in den nächsten Tagen (die er alleine verbringen musste, denn seine Frau war zu ihrer Schwester gefahren und er war alleine zuhause) bei der Bewältigung seiner Krise. Seine Frau hatte ihn gefragt: „Was willst du dir eigentlich beweisen?" Sie hatte ihm keinen Vorschlag für eine Antwort gemacht, und er wusste zuerst nicht, was er von dieser Frage halten sollte. Nach drei Tagen kam ihm aber eine Erleuchtung (jedenfalls glaubte er das selbst). Zunächst war ihm noch einmal aufgefallen, dass er sich fast mühelos bis zu einer gewissen Spielstärke verbessert hatte und dann in seiner Entwicklung scheinbar stehen geblieben war. Dann war ihm bewusst geworden, dass er auch unter Aufbietung aller Kräfte nur immer nervöser geworden war, jedoch nicht besser. Was war passiert?

Je verbissener er übte, desto unruhiger wurde er, aber gerade die Ruhe war es zuvor gewesen, die ihn auf seinem Weg zu einer Verbesserung im Golfspiel stets begleitet hatte. Die Ruhe war irgendwann verloren gegangen, heimlich, still und leise. Plötzlich war sie weg, seine Begleiterin, seine Hilfe, sein Lebenselixier. Wo war sie hin? Wo war übrigens seine Frau? Er wusste es zwar, aber jetzt kamen ihm Zweifel. Rasch rief er ihre Schwester an, aber niemand ging ans Telefon. Sie musste doch zuhause sein, um drei Uhr nachmittags ist man doch zuhause. Da stimmte etwas nicht. Sie war nicht mehr die Jüngste, aber immer noch eine attraktive Frau, wie ihm plötzlich in Erinnerung kam. Hatte nicht ihre Schwester diesen Cousin, der sich schon früher gerne immer in der Nähe der Familie aufgehalten hatte, wenn man zu Besuch kam? Wieso war er eigentlich immer so freundlich gewesen, sonst ist er doch auch eher als ungehobelter Klotz bekannt! Mein Gott, der wird doch nicht hinter ihr her sein? Alle zehn Minuten wiederholte er jetzt den Versuch, einen telefonischen Kontakt zu seiner Schwägerin herzustellen. Endlich, zwei Stunden später, klappte es dann. Eine Männerstimme meldete sich. „Bei McLovely". Das war ER! Der Cousin! Nach einer viel zu langen Pause stammelte McBogey etwas undeutlich die Frage hervor, ob seine Frau vielleicht da sei. Nein, seine Frau sei nicht da. Hatte er aber nicht gerade im Hintergrund Stimmen gehört, war da nicht sogar ein Lachen gewesen? Lachten sie schon über ihn? Wie blöd er war, und ob er denn gar nicht merkte, was er mit seinem extremen Ehrgeiz alles kaputt gemacht hatte?

Zitternd legte er auf und konnte sich gerade noch hinsetzen. Er war jetzt zu nichts mehr fähig. Sein Leben, vor allem das Leben mit seiner Frau begann szenenhaft vor ihm vorbeizuziehen. Was hatte er alles kaputt gemacht, er war ja so ein Blödmann, ihm war nur noch zum Heulen zumute. Schließlich schluchzte er los, haltlos schossen ihm die Tränen über das Gesicht, aller Schmerz der Welt entlud sich in einem einzigen Augenblick. Er hatte alles verloren, und er war selbst Schuld daran. Was hatte er für eine gute und liebende Frau gehabt, und er hatte alles zerstört. Er hatte sie in die Arme eines anderen gejagt! Gerade als sich ein neuer Schwall von Tränen anstellte, ihn erneut zu übermannen, klingelte es an der Tür. Nein, jetzt konnte er nicht aufstehen. Wer auch immer da Einlass begehrte, musste draußen stehen bleiben und wieder gehen, jetzt konnte er niemanden sehen und wollte auch niemanden sprechen.

„Scotty, was ist denn, mach auf! Ich habe dich doch gehört!" Wie? Was war das? Hatte er richtig gehört? War das die Stimme seiner geliebten Frau gewesen? Er stürzte zur Tür, riss sie auf, und seine Frau ließ vor Schreck fast ihr Köfferchen fallen, als sie dieses Häuflein Elend vor sich stehen sah – im ältesten (und offensichtlich nicht gerade frisch gewaschenen) Schlafanzug, den er besaß, die Knöpfe in falscher Reihenfolge zugeknöpft, unrasiert, mit wirren Haaren und völlig verheult.

„Mein Gott, was ist denn los!", erschrak sie und packte ihn beim Eintreten an beiden Armen. „Geht es dir nicht gut? Was ist passiert?" Nun war es an ihr, sich (und ihm) eine Reihe von Fragen zu stellen, die nicht so schnell zu beantworten waren. Sie setzten sich, und hin- und hergerissen, nach vielen Worten und Gefühlen, die den Besitzer wechselten, wurde beiden klar, wie sehr sie sich brauchten. Er brauchte seine Frau, die ihn ja doch verstand, und die wirklich nur für ihn, nur für ihn allein da war, wie konnte er das nur so völlig übersehen. Sie wiederum brauchte ihren Mann, gerade weil er so ehrgeizig war und sein Golfspiel unbedingt verbessern wollte. Er musste ihr nur mehr davon erzählen.

Lange saßen sie so da, und für beide wurde es später noch ein wunderschöner Abend. Ob die Geschichte ein Happy-End hat? Ich weiß nicht. Scott McBogey war in den nächsten zwei Wochen nicht auf den Golfplatz gegangen, und bei seinem ersten Spiel nach dieser Zeit war er so locker wie früher gewesen. Das Spiel hatte ihm Spaß gemacht, und das Ergebnis war ihm nicht so wichtig gewesen. Es dauerte aber nicht lange, vielleicht zwei weitere Wochen, da regte sich bei ihm wieder der Ehrgeiz. Das einstellige Handicap lockte wieder. Und er spielte voller Inbrunst, und er spielte gut, und diesmal unterspielte er sich, wieder und wieder, und er kam seinem Ziel bald ziemlich nahe. Und seine Frau freute sich mit ihm, mehr denn je. Wie konnte das passieren?

15 › Golf-Ostern

Üblicherweise bringt der Osterhase Eier, das weiß jeder Golfer schon vor Erhalt seiner Platzreife. Aber dass der Osterhase versehentlich auch Bälle bringt – das war neu in der Familie der McGolfs.

Wer kennt ihn nicht: den Osterhasen! In der Weltliteratur tausendfach verewigt, kennt ihn selbst das allerhöchste Golf-Regelwerk, die Offiziellen Golfregeln von St. Andrews. Dort hat man ihm in den Erklärungen zu Regel 25-1 (ungewöhnlich beschaffener Boden) als „Erdgänge grabendes Tier" einen Stammplatz in der Weltliteratur verschafft. Biologische Experten werden jetzt sagen, dass es sich beim Osterhasen aber um einen Hasen und nicht um ein Kaninchen handelt, und dass nur die Kaninchen Erdgänge graben, Hasen hingegen Kuhlen machen („Häschen in der Grube"). Das soll uns an dieser Stelle aber aus literarischen Gründen nicht stören, und in der Folge wird auch – biologisch sicher nicht ganz korrekt – der Begriff Hase und Kaninchen synonym verwandt.

Der Osterhase ist ein weltbekannter Wohltäter. Er bereitet seit Generationen den kleinen Kindern zu Ostern viel Freude. Er legt die bekannten Ostereier, er färbt sie auch und verschenkt sie dann, und in Anpassung an die wirtschaftliche und gesellschaftliche Evolution hat er in den letzten Jahrzehnten seine Aktiviäten zunehmend auch auf Schokolade und Zuckerwaren ausgedehnt, und zu guter Letzt ist er sogar in der Elektronik-Industrie angekommen. MP3-Player und DVDs sind im Eierkorb heute gang und gäbe. Glücklich sind die Kleinsten unter uns, denn sie freuen sich immer auf Ostern. Mit zunehmendem Alter der Kinder zeigt sich jedoch immer stärker ein Phänomen, das die Wissenschaft bislang noch nicht befriedigend aufklären konnte: Der Osterhase verliert an Glaubwürdigkeit! Irgendwann zweifeln die Kinder an seiner Existenz (was eigentlich seltsam ist, da es ihn ja schließlich gibt), was ihn aber nicht daran hindert, weiterhin zu Ostern seine Geschenke zu verteilen. Der Osterhase ist aber, wie auch sein Verwandter, der Feldhase, nicht nur ein bekannter Wohltäter, er hat auch einige unangenehme Eigenschaften, z. B. gräbt er gerne Gärten von Vorstadtbewohnern um, hinterlässt seine Losung auf Kinderspielplätzen und schafft auch Ärger auf Erwachsenen-Spielplätzen. Auch dies tut er weltweit, sodass sich die Mitglieder der altehrwürdigen Riege der Regelmacher in St. Andrews veranlasst sahen, seine Tätigkeit in das Golf-Regelwerk mit aufzunehmen. Die heutige aktuelle Regel 25-1 besagt, dass man bei ungewöhnlich beschaffenem Boden (Erdgänge grabendes Tier!) den Ball besser legen darf. Was aber tut man mit einem Geschenk, das einem der Osterhase bringt?

„Wo ist denn mein Ball?", fragte Lord Driver sich und seine Frau. Er hatte den Ball mit seinem letzten Fairway-Schlag neben den hohen Ginsterbusch auf der Bahn 15 gesetzt, das hatte er genau gesehen, und jetzt war er weg. „Du täuschst dich", sagte Lady Iron, „mit Sicherheit hast du ihn in den Busch hineingeschlagen, der ist weg!" Man muss sich den Ginsterbusch auf der 15 nicht wie einen eigentlichen Busch vorstellen, eher wie einen Baum, um den eine Reihe von höheren und niedrigeren Büschen stehen, mit hohem Grasbewuchs dazwischen. Da drinnen wollte Lord Driver seinen Ball nun wirklich nicht sehen. „Nein, meine Liebe, wie gesagt habe ich gesehen, wie er neben dem Ginster herunterfiel. Er muss hier liegen!", sprach's und blieb erstaunt stehen. „Was ist denn das? Ist das nicht ein Kaninchengang? Da wird doch nicht mein Ball drin verschwunden sein?", fragte Lord Driver erstaunt, beinahe erfreut. „Ja, wahrscheinlich hast du den Osterhasen bei der Arbeit gestört", flachste seine Frau, „schließlich haben wir Ostern!" Es war Ostersamstag, und an einem solchen Tag ist der Osterhase ja nun einmal beschäftigt. „So wirst du aber von ihm kein Ostergeschenk erhalten!" Man war sich einig: Der Spielball von Lord Driver musste im Kaninchenbau verschwunden sein.

Lord Driver hatte gerade entsprechend Regel 25-1c (Ball verloren) einen neuen Ball gedroppt und zum Spielball erklärt, da sprang aus dem Erdloch das dort wohnende Kaninchen heraus. „Bist du der Osterhase?", fragte Lord Driver lachend. Und kaum hatte er dies gesagt, sah er, wie das Kaninchen unter seinen Vorderpfoten einen Golfball hervorrollte und im Rough liegen ließ, bevor es wieder im Loch verschwand. Beide, Lord Driver und Lady Iron, staunten nicht schlecht über dieses Geschenk, und die Verwunderung von Lord Driver wurde noch viel größer, als er sah, dass es sich bei diesem Ball gar nicht um seinen Spielball handelte! Er hätte jetzt ja einfach den Hasenball regelkonform aufnehmen und seinen neuen Spielball weiterspielen können, aber was wäre dies für ein Affront gegenüber dem Osterhasen gewesen! Er war sich mit seiner Gattin einig, dass man dies auf keinen Fall machen könne. Was also tun? Den gedroppten Ball vergessen? Den Osterhasen beleidigen? Eine neue Regel aufstellen? Ja, das wäre vielleicht eine Möglichkeit.

In der Interpretation der Golfregeln war man im Most Ancient Golf Club Of St. Elsewhere ja sehr phantasiereich, wie wir bereits wissen. Also verwundert es nicht, dass Lord Driver rasch eine Lösung für das vorliegende Problem fand: Der Osterhase ist ein ehrlicher Geselle, so viel steht fest. Also hat er versucht, Lord Driver seinen Ball zurückzubringen, und zwar dergestalt, dass er als bewegliches Hemmnis fungierte, welches getroffen wurde, und von dessen Vorderpfoten der Ball dann abprallte. Na ja, das sollte gehen. Nur hat er versehentlich den falschen Ball retourniert. Vielleicht ist ja Lord Drivers Ball mit dem anderen Ball kollidiert (ebenfalls bewegliches Hemmnis), und der arme Osterhase ist dadurch völlig verwirrt worden. Das darf man ihm aber doch nicht übel nehmen! Hier müssen Werte gegeneinander aufgewogen werden, die Bedeutung des Osterhasen in einer für ihn schweren Zeit zunehmend mangelnder Wertschätzung auf der einen Seite, die schnöden Golfregeln des Nachbarclubs auf der anderen Seite. Man hatte dort zwar ein Gremium, welches sich um solche Sonderfälle kümmerte, aber ein Osterhasen-Sonderfall war bislang nicht bekannt.

Lord Driver beschloss daher – und seine Gattin stimmte ihm zu, was bereits als Gremien-Beschluss gewertet wurde –, den ihm vom Osterhasen retournierten Ball als seinen Spielball anzuerkennen. Gerade hatte er seinen gedroppten Ball wieder aufgenommen und wollte den Hasenball spielen, da kam das Kaninchen wieder aus seinem Loch heraus, holte sich den Ball und schleppte ihn zurück in den Bau. Was nun? Nochmal einen Ball droppen kam nicht in Frage. Man hatte ja per Gremienbeschluss festgestellt – und dies galt dann schließlich als Regel –, dass der Hasenball der Spielball sei. Aber welcher war nun der Hasenball? Der, den der Hase als Erstes herausgerollt hatte, oder der, den er in seiner Funktion als Osterhase bereitstellen wollte?

Lord Driver war zunehmend fasziniert von dieser Spielsituation, seine holde Gattin jedoch war zunehmend genervt. „Nimm doch jetzt endlich mal irgendeinen Ball und spiel weiter, damit wir heute auch noch einmal heimkommen!", rief sie ihm zu. Aber an dieser Stelle blühte Lord Driver erst richtig auf. „Du kannst doch den Osterhasen nicht so brüskieren!", gab er ihr zurück, und wo er recht hatte, hatte er recht. Das musste auch Lady Iron akzeptieren. Der Osterhase erlebt schließlich gerade ganz schwierige Zeiten, wie wir schon gehört haben.

Folgende Lösungen für das nunmehr vorliegende neue Problem kamen in Frage: Ball ausgraben, den Osterhasen brav um Herausgabe des richtigen Balls bitten oder alles Bisherige als Unsinn vergessen und nachhause gehen. Keine dieser Lösungen erschien befriedigend. Was also tun? Lord Driver erwog schließlich, eine weitere Regel neu aufzustellen, aber hier winkte seine Gattin entschieden ab. Mitten in diese heftigen Überlegungen hinein erschien das Hasentier wieder am Ausgang seines Baus. Tatsächlich, der Osterhase schaute sich um. Suchte er vielleicht Lord Driver? Grinste er ihn jetzt nicht sogar an?

Fast schien es so, und wie er mit den Ohren wackelte, das war eindeutig eine Aufforderung, näherzukommen. Aber als Lord Driver sich dem Tier näherte, da verschwand es wieder im Bau, hinterließ aber etwas – einen Ball. Einen kleinen, weißen Kunststoffball mit einem Durchmesser von 45 mm und einem Gewicht von 45 g und unzähligen Dimples auf seiner Oberfläche. Aber was das Wichtigste war: Dieses Ding kam Lord Driver bekannt vor, sehr bekannt sogar. Da stand „Champ 3", einen solchen hatte er gespielt, und was noch wichtiger war: Da waren mit einem Markerstift die Initialen JLD vermerkt worden, stellvertretend für John Lord Driver. Dies war mit absoluter Sicherheit sein Spielball. Die erste überschäumende Freude wich allerdings rasch einer fragenden Unsicherheit: Durfte er diesen Ball denn jetzt spielen oder sprach irgendeine Regel dagegen? Lady Iron beobachtete, wie ihr Gatte immer stärker ins Grübeln geriet, und wusste, jetzt musste sie etwas unternehmen. „Weißt du was, mein Hase", unterbrach sie ihn schließlich in einem Augenblick der Eingebung „fragen wir doch den Osterhasen selbst!" Lord Driver stutzte zunächst und blickte mit dem Ausdruck höchsten Unverständnisses die Gattin an, die dies gerade zu ihm gesagt hatte. Dann aber prustete er los, und bei diesem Lösungsvorschlag mussten natürlich beide lachen.

Fast schien es so, als wäre jetzt die Geschichte zu Ende. Beide spielten natürlich die Runde bis zum Schluss, Lord Driver selbstverständlich mit dem zuletzt genannten Hasenball, und alles wäre gut gewesen, wenn nicht am Ende der Runde Lady Iron ihren Gatten gefragt hätte: „Sag mal, war dein „Hasenball" wirklich auch dein Spielball? Der sieht irgendwie anders aus." (Schließlich kannte sie seine Initialen auf den Golfbällen seit Jahren in- und auswendig.) „Prüf das doch mal nach!" John Lord Driver tat natürlich wie ihm geheißen, nahm seinen letzten Spielball in Augenschein – und traute seinen Augen nicht. Auf dem Ball las er in krakeliger Schrift „FROHE OSTERN, JOHN. DEIN OSTERHASE".

16 › Eine kleine Golf-Weihnachtsgeschichte

Weihnachten ist ein Fest der Liebe, der Freude und der Besinnung – vor allem wenn man am Morgen des Heiligen Abends noch auf dem Golfplatz steht. Und dort vielleicht auf den Pfarrer des Ortes trifft. Und gegen diesen vielleicht auch noch im Zählspiel verliert.

Es war einmal … so fangen im Allgemeinen nur Märchen an. Golf ist natürlich auch ein märchenhaftes Spiel, aber heute möchte ich Euch/Ihnen (je nach gusto) mit diesem Einstieg eine wahre Geschichte erzählen (so wie natürlich alle anderen Geschichten von den McGolfs auch wahr sind).

Es war also einmal ein kleiner, verträumter Golfplatz an der schottischen Ostküste. Der „The Most Ancient Golf Club Of St. Elsewhere" war ein typischer Links-Course, nur nicht ganz so typisch an jenem Tage, denn zum einen war es der Morgen des Heiligen Abends, und der ist in der Regel nicht zum Golfen da, und zum anderen lag der Platz unter einer leichten Schneedecke, was für den Nordosten Schottlands nicht gerade typisch ist, auch nicht zur Weihnachtszeit. Es war also Weihnachten, und zwei Mitglieder des Golfclubs – Lord Driver und sein Sohn Lord Socket – hatten sich hier verabredet, um eine nette Runde zu spielen. Lord Driver, weil er der Hektik der Vorbereitungen auf die Festtage entfliehen wollte, und Lord Socket, weil er zu dieser Zeit nicht die Anwesenheit von anderen Spielern fürchten musste, die sein schlechtes Spiel kritisieren könnten (Wir erinnern uns, Lord Socket ist der mit Abstand schlechteste Spieler im Club). „Das kannst du doch nicht machen!", hatte Lady Iron ihrem Mann entrüstet nachgerufen, als sie gerade noch hörte, wie ihr Mann die Haustür von außen schloss. „Heute ist Weihnachten, da geht man nicht auf den Golfplatz!" Auf eine Antwort ihres Gatten, die eventuell eine Diskussion hätte nach sich ziehen können, wartete sie jedoch vergebens.

„Was hast *du* denn vor?", rief Lady Socket erstaunt, als sie ihren Mann am frühen Morgen in voller Golf-Montur am Frühstückstisch sitzend vorfand. „Du wirst doch wohl nicht auf den Golfplatz gehen wollen?! Nein, nein, nein, das kommt ja überhaupt nicht in Frage!", hatte sie noch geschimpft, da war ihr Gatte auch schon weg, und da nützte es nicht viel, dass er auf der Wange seiner Gattin einen kleinen Kuss hinterlassen hatte. „Ich weiß gar nicht, was Priscilla nur hat", beklagte sich William Young Lord Socket McGolf über seine holde Gattin, „sie sagt mir fehle die Besinnlichkeit. Dabei liebe ich dieses Spiel, auch wenn ich zugegebenermaßen nicht gerade gut spiele. Ich weiß, ich spiele sogar richtig schlecht, oder – sagen wir – erfolglos, aber es macht mir Freude und ich besinne mich sehr wohl bei jedem Schlag auf die alten schottischen Werte: Kampf, Tugend und Mannhaftigkeit!" „Geht mir auch so", antwortete Lord Driver seinem Sohn und Leidenskollegen mit einem röhrenden Lachen, „mein Engelchen zuhause meint immer, sie wüsste alles besser, dabei kann man doch ein so schönes Spiel an jedem Tag des Jahres spielen, zu jeder Zeit, obwohl es heute vielleicht etwas schwierig wird." Dabei spielte er auf den hartgefrorenen Boden und die dünne Schneedecke an. Die Platzverhältnisse würden es den beiden ohnehin nicht ganz einfach machen, ein wirklich schönes Spiel abzuliefern.

Es ging also los. Den Abschlag auf der Eins platzierte Lord Driver prächtig auf die Fairway-Mitte, hinter die Biegung und mit Blick aufs Grün (welches in Wirklichkeit eigentlich ein Weiß war, wir erinnern uns). Sogar Lord Socket hatte einen ganz akzeptablen Abschlag hingelegt, sein Ball lag natürlich 100 Meter hinter dem seines Vaters. Aber er war froh, dass er nicht einen jener unglücklichen Schläge produziert hatte, die flach in Richtung Seitenaus holperten, statt hoch, weit und geradeaus zu fliegen, und die man schändlicherweise sogar schon nach ihm benannt hatte. Der folgende Annäherungsschlag gelang Lord Driver erneut sehr gut, auch wenn er den Ball wegen des Schnees, der sich zwischen Ball und Schläger gezwängt hatte, etwas dünn erwischt hatte und die Flugbahn flacher war als sonst. Aber er hatte für die letzten achtzig Meter ohnehin nur noch ein Sandwedge genommen, und schließlich zählt letztendlich der Erfolg: Der Ball lag am Grün, resp. Weiß. Lord Socket machte sich an seinen zweiten Schlag. Er hatte sich für ein Dreier-Holz entschieden, aber er hatte ja schließlich auch noch einen langen Weg bis zur Fahne zurückzulegen. Und auch mit diesem Schlag hatte er Glück. Den Ball hatte er zwar getoppt, und so flog er sehr flach, aber er flog in Richtung Fahne. Auch war er nicht allzu heftig geschlagen, und da die Richtung stimmte, blieb sein Ball am Ende nicht weit vor dem Weiß-Grün auf dem Fairway liegen, mit wunderbarem Blick zur Fahne. – Was für ein Tag! Doch dann geschah es. Auf Bahn Zwei, im Glanz einer überirdischen Aura, erschien ihnen die Lichtgestalt – so fremd und doch so seltsam vertraut. Es war ein Wunder. Allwissend lächelnd und umstrahlt von der glänzenden Corona der aufgehenden Wintersonne stand er da, Pfarrer Godefroy McSaint. Die ganze Welt erschien unseren Freunden plötzlich in einem anderen Licht, da war Friede und Wärme, Zufriedenheit und Glaube. Sie glaubten ihren Augen nicht zu trauen. Der Pfarrer am Golfplatz, ja, den Anblick kannte man. Aber am Morgen des Weihnachtsabends, das stimmte doch nachdenklich. Unsere beiden Freunde, auch der alte Haudegen Lord Driver, befürchteten das Schlimmste. Ein Donnerwetter würde gleich über sie hereinbrechen, wie sie es wagen konnten, an Weihnachten auf den Golfplatz zu gehen. Ihre Frauen hatten schon recht gehabt, was war das für eine verrückte Idee gewesen! Hätten sie doch nur auf ihre holden Gattinnen gehört, dann wäre ihnen jetzt die Verdammnis erspart geblieben, zumindest mit dem Fegefeuer mussten sie rechnen.

Lichtgestalt Godefroy kam donnernd auf sie zu und schwang seinen goldenen Hirtenstab mit den Worten: „Ihr Ungläubigen, was ist denn in euch gefahren?" Aber irgendwie ging die Geschichte dann doch anders weiter als befürchtet. Als Pfarrer Godefroy langsam näher kam, sahen sie, dass es gar kein goldener Hirtenstab war, den er schwang, sondern ein Driver mit goldgelbem Schaft (kein Metall, regular stiff flexible), und die überirdische Aura entpuppte sich als dieselbe Wintersonne, die sie schon den ganzen Morgen begleitet hatte. Bei genauem Hinsehen (was schwer fiel, weil die Sonne blendete und beide noch nicht ganz wieder Herr ihrer Sinne waren) hätte man auch meinen können, dass da ein flüchtiges Lächeln über das Gesicht des Gottesmannes gehuscht war.

Als Erster fing sich Lord Driver und ging auf den Pfarrer zu, sodass sie nun alle drei am Abschlag der Zwei standen. „Herr Pfarrer", traute sich nun Lord Socket, noch etwas schüchtern, zu fragen, „was machen Sie denn am Morgen des Weihnachtsabends auf dem Golfplatz?" – „Ja, mein Sohn", antwortete ihm Godefroy, „dasselbe wie du, ich suche den Herrn!" Jetzt musste Lord Driver aber laut loslachen. „Ich glaube, du suchst wohl eher deinen Ball!", freute sich Lord Driver über seinen Witz, erntete aber nur ein mildes Lächeln, denn der Pfarrer hatte es ernst gemeint. „Wisst ihr", begann der Pfarrer, während er seelenruhig seinen Ball aufteete, „der Herr ist meistens bei mir. Schon von Berufs wegen!", fügte er sinnig lächelnd hinzu. „Aber manchmal muss auch ich ihn suchen, und heute ist so ein Tag." Und dann begann er den beiden eine Geschichte zu erzählen, die wiederzugeben an dieser Stelle zu lange dauern würde. Es war aber eine ergreifende Geschichte von seiner ersten Begegnung mit seinem Herrn, die er tatsächlich auf dem Golfplatz hatte. Es war viele Jahre her – aber vielleicht erzähle ich diese Geschichte ein andermal.

Während er erzählte, hatten alle drei – ohne darüber nachzudenken – nacheinander abgeschlagen, das Fairway besucht und anschließend der Reihe nach mit ihren Puttern eingelocht. Auch hatten sie die Zahl ihrer Schläge aufgeschrieben. Und danach hatten sie die Bahn Drei gespielt, dann die Vier und so weiter. Und so geschah es, dass sie plötzlich vor dem Flaggenstock am 18. Grün standen. Lord Driver zog ihn heraus, sein Sohn puttete ein (125 Schläge), er selbst puttete ein mit dem 89. Schlag und zuletzt Pfarrer Godefroy McSaint mit 80 Schlägen.

So gut war Godefroy noch nie gewesen, in seiner ganzen Golfer-Karriere war ihm ja noch nicht einmal eine 90er-Runde gelungen, noch nie, da waren die beiden sich ganz sicher. Und jetzt zierte eine 80 seine Score-Karte, und die war nicht überirdisch, die stand da ganz real, schwarz auf weiß.

Lord Socket stand ebenfalls ganz real da, und er rang um Worte, es fielen ihm keine ein. Nicht weil er so schlecht gespielt hatte, nein, das kannte er ja schließlich schon. Es waren die Worte des Pfarrers gewesen, die ihn hatten verstummen lassen. So hatte er seinen Pfarrer noch nie gehört, so persönlich und so ergreifend. Keine Predigt war je schöner gewesen, und Godefroy konnte faszinierend predigen. Lord Driver fand schneller wieder zu sich und dankte dem Pfarrer für das schöne Spiel, ohne nachzudenken, was er da eigentlich sagte. Es klang nach reiner Routine, aber er meinte es trotzdem ganz genau so wie er es sagte. Der Pfarrer bedankte sich seinerseits und ließ dann beide ziehen mit den Worten: „Aber heute Abend, in der Kirche, da sehen wir uns noch einmal. Und da werdet *ihr* gewinnen, meine Freunde!"

Lord Driver und sein Sohn gingen nach dem Spiel direkt nach-hause, ohne die übliche Whisky-Runde zu absolvieren (was es in der langen Historie der Golfspiele der beiden noch nie gegeben hatte). Und noch nie war es Lord Driver so leicht gefallen, zuhause die Schimpf-Tiraden seiner kleinen Frau zu ertragen, was er sich denn dabei gedacht hätte, was für eine Schande das sei, unmöglich sei er und so weiter. Seltsamerweise jedoch hielten diese Schimpfkanonaden diesmal gar nicht so lange an, wie es sonst immer geschah, wenn sei-ne Frau loslegte. In der Regel ging das dann pausenlos und stunden-lang so weiter. Heute jedoch verlief alles ganz schnell und seine Frau wurde leiser und leiser, so als würde sie etwas von dem spüren, was Lord Driver widerfahren war. Und als er sie schließlich in den Arm nahm und wortlos drückte, da war auch sie plötzlich ganz still. Aber erzählen, nein erzählen konnte er ihr von dieser Weihnachtsgeschichte nichts.

17 › Loch 19

Golf ist natürlich ein wunderbarer Sport, ein Spiel für Herz und Hirn, für Gefühl und Verstand. Es ist bestimmt auch so, dass jeder Amateur schon mindestens einmal einen ganz hervorragenden Ball geschlagen hat, an den er sich gerne und lange erinnert. Die schönsten Golferlebnisse aber, die erhabensten Momente des Spiels, die besten Schläge: gelungene 15-m-Putts, 90-m-Annäherungen die eingelocht werden, die bekannten 280-m-Drives, viele von diesen Erlebnissen entstehen – nein, nicht auf dem Golfplatz, sondern an Loch 19.

Wer kennt ihn nicht, den Witz vom Pfarrer, der an einem Sonntagmorgen, statt zur Predigt zu gehen, eine einsame Runde auf dem Golfplatz dreht und daraufhin vom lieben Gott damit bestraft wird, dass er auf einem 450 Meter langen Par-5-Loch mit dem ersten Schlag vom Abschlag aus einlocht? (Die Bestrafung bestand darin, dass außer ihm keiner den Schlag gesehen hat!)

Dies ist natürlich nur ein Witz, und kein vernünftiger Golfspieler käme auf die Idee, so etwas über sich und seine Fähigkeiten zu erzählen. Die Momente im Clubhaus nach der Runde, an der Bar oder beim Essen, auf der Terrasse oder bei einer Pfeife im Clubraum sind jedoch ganz wichtig für das Selbstbewusstsein des normalen Golfspielers, und so werden diese Lokalitäten nicht ganz zu Unrecht dem eigentlichen Golfplatz zugerechnet und „Loch 19" genannt. An Loch 19 verlieren sich häufig die schnöden, realen Abläufe während des Spiels in der farbigen, lebendigen Erzählung des Spielers, wahrscheinlich passiert das auch tatsächlich in seiner Erinnerung. So wird ein lausig gespieltes Loch dank eines Mulligans und zweier vergessener Fairwayschläge schnell einmal zu einem „sicheren Par", der traumhaft eingelochte 5-m-Putt hatte in Wirklichkeit Armlänge und der Schlag aus dem Gebüsch heraus gelang trotz widrigster Umstände ganz ideal (nachdem der „Champ 2", der absolut unspielbar gelegen hatte, durch einen gleichnamigen Ball ersetzt wurde, der dann zufällig etwas besser lag). Diese kleinen Korrekturen nimmt der Durchschnittsgolfer manchmal absichtlich, meist aber nur halbbewusst vor, er braucht diese Idealisierungen für sein Ego, sie sind sozusagen sein Mantra für ein besseres Spiel. Profis führen solche Idealisierungen auch durch, allerdings tun sie dies den Regeln gerecht, und sie haben es nicht mehr nötig, damit anzugeben. Da werden dann schlechte Schläge nicht besser geredet, sie werden einfach als schlecht abgehakt, im Geiste verbessert und dann kommen sie in die Schublade des Vergessens zu all den anderen schlechten Schlägen, die einem Profi natürlich auch passieren. Die guten Schläge und ihr Zustandekommen bleiben hingegen wach in der Erinnerung. Damit ist ein positives mentales Training gesichert. Nachzulesen ist dies in den Biographien der weltgrößten Golfer.

Das Clubhaus des Most Ancient Golf Clubs Of St. Elsewhere hatte mit seinem Loch 19 eine ähnliche Funktion wie der Pub „The Old Mist". In beiden Einrichtungen sitzt man nach der Arbeit (Job genauso wie Golfrunde) zusammen und erzählt von dem, was einen bewegt, was am heutigen Tag gut und was schlecht gelaufen ist, was Ärger und was Freude bereitet hat. Beim Golfspiel läuft es auch ähnlich wie im beruflichen Einerlei ab: Vieles ist Routine, aber immer gibt es auch jene bewegenden Momente, in denen etwas Besonderes passiert, wo einfach Freude aufkommt, weil nach einem verregneten Tag die Sonne kurz zwischen den Wolken erscheint, weil ein Hase mit Familie im Morgennebel über das Fairway hoppelt, oder weil einem einer der Flightpartner ein ehrliches Kompliment für einen gelungenen Schlag macht.

Unsere heutige Geschichte beginnt nach einer ereignisreichen Runde, die Sir Bunker, Lord Sandwedge und Lord Driver zusammengeführt hatte. Diese Runde wurde bei durchschnittlichem Wetter gespielt (also kein Dauerregen, Windstärke 3–4), mit durchschnittlichen Ergebnissen (Runden mit Schlagzahlen in den Neunzigern) und mit durchschnittlicher Laune. Es hatte aber einige Besonderheiten gegeben.

„Habt ihr meinen Schlag aus dem tiefen Topfbunker auf der 8 gesehen? Ha? Bei dieser hohen Mauer. War das nicht absolute Spitzenklasse? Ein sauberer Schlag! Entfernung zur Mauer 50 cm, der Ball eingegraben! Und dann nur ein einziger Schlag!", röhrte Lord Driver als Erster los, als sie es sich nach der Runde im Clubraum gemütlich gemacht hatten. „Das müsst ihr mir erst einmal nachmachen!" Sprach's, schenkte sich einen guten Schluck von seinem Single Malt ein und genoss erst einmal dessen Aroma. „Was für ein Schlag! Das war schon ein Par wert." „Also, wenn ich mich richtig erinnere, dann lag dein Ball doch nur ein wenig eingegraben, wenn man überhaupt von eingegraben reden kann. Eigentlich lag er doch ziemlich gut spielbar da", antwortete ihm Lord Sandwedge nach einer Weile, als er sich gemütlich sein Pfeifchen angezündet hatte und die ersten Züge vor sich hin schmauchte. „Aber ein gut gespielter Ball, zugegeben. Nur dass er eben doch bestimmt gut einen Meter von der Mauer entfernt auf dem Sand lag, was meinst du, Alasdair?", lächelte er Sir Bunker zu. Lord Driver blickte etwas indigniert.

„Na ja, ich weiß nicht so recht", gab Sir Bunker zurück, „Ich glaube nicht, dass du recht hast. Ich meine, der Ball lag doch ziemlich am unteren Rand vom Bunker, da ist die Mauer nicht mehr wirklich hoch. Eigentlich ist sie da schon ziemlich niedrig, und man kann an dieser Stelle schon den Ball leicht an der Mauer vorbei aufs Fairway schlagen."

„Also, ich weiß nicht, was ihr habt!", antwortete Lord Driver nun schon etwas verärgert. „So einen Schlag müsst ihr mir erst einmal nachmachen! Was ist denn mit euch los, seid ihr vielleicht neidisch?" Nun mussten alle drei lachen, Lord Driver mit seinem polternden

Getöse, Sir Bunker auf seine immer etwas ältlich wirkende, kichernde Art und auch Lord Sandwedge, was bei ihm immer so einen Anflug von Hochnäsigkeit hatte.

„Ist ja gut, war ja ein guter Schlag!", stimmte Lord Sandwedge ein, und Sir Bunker bemühte sich dem beizupflichten „Aber könnt ihr euch an meinen Abschlag auf der 15 erinnern? Ein richtiger Hammer! 250 Meter, davon bestimmt 200 Meter carry."

Es entstand eine kleine Pause. „Auf der 15 meinst du? Ich kann mich gar nicht erinnern, dass du da abgeschlagen hast. Hast du die Bahn überhaupt mitgespielt?", gröhlte Lord Driver los und schüttelte sich vor Lachen über seinen eigenen Witz. „Du hast doch noch nie einen Ball 200 Meter carry gespielt! Dein Ball lag außerdem vor dem ersten linken Bunker, sind das nicht ungefähr 160 Meter vom Abschlag?"

Nun war es aber an der Reihe, dass Lord Sandwedge sich wehren musste. „Vor dem zweiten! Er lag vor dem zweiten Bunker, und das sind eben 250 Meter", verteidigte er sich. „Nein, nein, ich denke du täuscht dich jetzt. Meinst du vielleicht nicht doch eine andere Bahn?", versuchte Sir Bunker zu beschwichtigen, „Ich denke, was die 15 angeht, da hat John recht. Der Ball lag vor dem ersten Bunker links, das habe ich auch so in Erinnerung."

So ging die Diskussion weiter, von Schlag zu Schlag, von Bahn zu Bahn, und mit zunehmendem Whisky-Konsum nahm auch die Intensität der Märchenhaftigkeit zu, mit der die einzelnen Schläge ausgestaltet wurden. Die einfachsten Bälle wurden zu grandiosen Ereignissen, die miesesten Annäherungen wurden zu phantastischen Spielzügen. Schlechte Schläge kamen in den Erzählungen überhaupt nicht vor, die langweilige Realität von Bahn Eins bis Achtzehn wich der übergeordneten Realität von Loch Neunzehn. Bei einigen Ereignissen war man sich einig, bei anderen wiederum wogten heftige Diskussionen hin und her, nicht immer mit nachvollziehbaren Argumenten. Am Ende jedoch waren alle drei sich einig: Jeder hatte ein fantastisches Spiel gespielt, und jeder wusste, wie gut er war, denn die anderen konnten es ihm ja im gleichen Maße bestätigen wie sie selbst bestätigt wurden, und nur darum ging es. Später dann, auf dem Nachhauseweg, da verabredete man sich gleich zum nächsten Spiel, denn Golf war dank seiner vielen motivierenden Momente ja so ein schöner Sport.

18 › Die Legende um Capitain Hook McSlice

Jeder der als Kind James Matthew Barrie's Geschichten von Peter Pan gelesen hatte, kennt natürlich auch den Piraten Captain Hook. Die wenigsten kennen allerdings den alten Hook aus dem Clan der McSlice, Kapitän zur See der schottischen Flotte. Auch wenn die schottische Marine in der jüngeren Weltgeschichte noch nie eine richtig große Rolle gespielt hat (eigentlich überhaupt noch nie), so kennt doch jeder Golfer diesen alten Seebären. Er hat schließlich zwei wesentliche Begriffe in den Golfsport eingebracht: Hook und Slice. Dass er dafür nicht gerade geliebt wird, ist glaube ich verständlich, und so ist es nicht verwunderlich, dass sich jede Menge Geschichten um seine Person ranken. Die größte Geschichte ist die Legende um seine Existenz: Gibt es ihn überhaupt?

Ein Mann, der die meiste Zeit seines Lebens damit verbringt, auf den sieben Weltmeeren verschiedene Waren von einem Ort der Erde zu einem anderen zu bringen, der hat in der Regel nicht viel Zeit, die er an Land verbringen kann. Manchmal ist man wochenlang unterwegs, und mit älteren Schiffsmodellen konnte das schon auch einmal für einige Monate sein. Genauso war das mit dem alten Capitain Hook McSlice (er legte immer sehr viel Wert auf die Schreibweise Capitain, statt Captain). Er verbrachte, glaube ich, drei viertel seines Lebens auf See. Schon als 11-jähriger hatte er damals angeheuert, bzw. wurde von seinem Onkel, der Maat auf einer großen Fregatte war, „mitgenommen, damit der Junge etwas lernt und von der Welt was sieht!". So war das damals. Jedenfalls hatte der alte Haudegen tatsächlich die ganze Welt gesehen, als er es schließlich in seiner Karriere bis zum Kapitän gebracht hatte. Es war zwar nur ein kleinerer Windjammer, der ihm anvertraut worden war, aber immerhin. Und er war stolz darauf, in seinem Leben mehr Zeit auf See als an Land verbracht zu haben. Wenn er aber an Land ging, dann blieb er meistens in der Nähe des Ufers, immer in Reichweite des Meeres. Und was macht ein Mann, der nach Wochen der Anstrengungen und der Entbehrungen endlich wieder an Land ist? Richtig, er sucht nach Vergnügung und Abwechslung.

Man muss nun wissen, dass der Nordosten Schottlands noch nie für seinen Abwechslungsreichtum und seine Vergnügungsmöglichkeiten bekannt war. Man hatte zwar hundert verschiedene Sorten Malz-Whisky, hatte hundert verschiedene, geschichtlich berühmte Clans (aber auch die hießen alle irgendwie mit „Mc"), und die Frauen in den Häfen waren auch nicht gerade berühmt für ihre Hingabebereitschaft an vergnügungssuchende Seebären, zumal wenn diese auch nie wirklich viel Geld bei sich hatten.

Was also tun? Richtig! Das was einem Schotten immer bleibt, wenn er das pure Vergnügen sucht, wenn er das Leben genießen will, wenn er seine Nase in den Wind strecken will: Er spielt Golf. Und das tat dann natürlich auch der alte Hook McSlice. Er spielte Golf – oder tat jedenfalls etwas Ähnliches. So richtig konnte man das glaube ich nicht „Golf spielen" bezeichnen, es war mehr so etwas wie ein ungelenkes Herumhantieren mit einem Schläger, der vergebliche Versuch, mit einem ungeeigneten Werkzeug einen viel zu kleinen Ball zu bearbeiten und überhaupt erst einmal zu treffen. Geschweige denn, diesen Ball dann auch noch geschickterweise in ein viel zu weit entferntes, viel zu kleines Loch zu bugsieren.

Capitain Hook McSlice war also, unter uns gesagt, ein ganz lausiger Spieler. Wenn er den Ball ansprach, wirkte dies eher wie seine Befehlshaltung an Deck, wenn er den Schläger schwang, sah es aus, als wollte er seinen Matrosen zeigen, wie man das Ruder hält, und wenn er dem Ball hinterher sah, hatte man immer den Eindruck, er stehe an der Reling und halte Ausschau nach Land. „Fahne in Sicht!", entfuhr es ihm tatsächlich einmal während eines Freundschaftsspiels mit Lord und Lady McGolf. Und hier beginnt unsere heutige Geschichte.

Jeder im Club behauptet, irgendwann einmal den alten Hook McSlice gesehen zu haben, zumindest auf einer Nachbar-Bahn, oder ihn zumindest gehört zu haben, wie er auf der Terrasse des Clubhauses laut einen Witz erzählt habe (selbstverständlich einen nicht jugendfreien), oder ein Freund hatte berichtet, dass er mit ihm auf der Driving-Range gestanden habe, gar nicht weit von ihm entfernt. Es gab aber nur zwei Personen, die verbürgt berichtet haben, mit ihm auch einmal in einem Flight gespielt zu haben, und das waren Lord Driver und Lady Iron. „Wir sind wirklich froh, einmal die Gelegenheit zu haben, mit einem so weitgereisten Mann gemeinsam eine Runde zu drehen. Sie können uns ja wahrscheinlich so viel von der Welt erzählen", freute sich Lady Iron, mit einem spürbar erwartungsfrohen Klang in ihrer Stimme. „Wir sind ja so gespannt!" „Na ja", antwortete Capitain Hook, „erwarten Sie sich mal nicht zu viel, ich habe zwar viel von der Welt gesehen, aber hauptsächlich viel von ihrem Wasser", und hierbei gröhlte der alte Kapitän ein kehliges Lachen heraus, das Lady Iron zusammenzucken ließ. Der alte Kerl wurde Lord Driver immer sympathischer.

„Also", sprach Lord Driver, „jetzt wollen wir aber erst einmal spielen. Sie haben natürlich die Ehre. Übrigens, welches Handicap spielen Sie eigentlich?", „Ähem" hüstelte Capitain Hook leise vor sich hin „mein Handicap, ja, mein Handicap, also das habe ich vergessen. Vor Jahren wusste ich es noch, da hatte ich einmal in Malaysia – oder war es Shanghai? – ein Turnier gewonnen. Ich meine, ich hatte das 1. Netto meiner Klasse, oder war ich Brutto-Sieger? Ich weiß es nicht mehr. Also, ich würde sagen, so um die zwanzig, vielleicht? Ja, so wird es sein!" Sprach's, und nahm seinen Schläger aus dem Bag. Es war ein Holz drei, eine gute Wahl für die erste Bahn. Wir erinnern uns, Bahn eins ist ein Par-4-Dogleg nach rechts. Ein Holz drei kann hier eine gute Wahl sein, zumal der Scheitelpunkt, das „Knie" ca. 180 Meter vom Abschlag entfernt liegt, und hier verhindert eine hohe Düne mit niederem Buschwerk und Rough den Blick auf das Grün. Man muss den Ball gerade auf das Fairway bringen, welches am Knie ziemlich eng wird. Hier ist Präzision gefordert.

Capitain Hook nahm also seine Ansprechposition ein. Er war ein kräftiger Kerl, also traute man ihm auch einen weiten Abschlag zu. 180 bis 200 Meter carry sollten für ihn mit einem Holz drei kein Problem sein. War es auch nicht. Er traf den Ball satt, dieser hob ab in die Lüfte und machte sich auf den Weg, in Richtung Zielpunkt. Aber was war das? Nach ca. 120 Metern begann der Ball eine Rechtskurve einzuschlagen. Er driftete immer weiter nach rechts ab, zunächst nur leicht, dann immer stärker, aber gleichzeitig gewann er weiter an Höhe. So schaffte er es schließlich sogar über die Düne hinweg und senkte sich auch erst hinter dem Rough wieder, wo er schließlich mittig auf dem Fairway liegen blieb. „Donnerwetter, ein hervorragender Schlag!", lobte Lord Driver, „Der ist ja genau dem Bahnverlauf gefolgt, ideal." Auch Lady Iron sparte nicht mit Lob. „Eine schöne Weite", sagte sie, aber gleichzeitig brachte sie, wie es so etwas ihre Art war, eine kleine Stichelei an. „Eine schöne Rechtskurve war das. War die gewollt?"

Capitain Hook war ein Seemann, durch und durch, und er war nicht gerade feinfühlig. Er war eher ein grober Klotz. Entweder verstand er diese kleine Stichelei nicht, oder sie machte ihm nichts aus. „Ja, ein prima Schlag, so gefällt mir das! Ein hervorragender Schlag, so typisch für mich!", erwiderte er lachend, und Lord Driver musste mitgröhlen. Die beiden Männer verstanden sich prima, und das umso mehr, als Lord Driver seinen Abschlag ebenso verzog. Auch sein Ball nahm unwiderstehlich einen Rechtsdrall an, und nachdem er auch eine gute Länge hatte, schaffte er es ebenso über die Düne hinweg, und sein Ball kam wenige Meter hinter dem Ball von Capitain Hook zu liegen. „Sag mal, mein lieber Hook McSlice, war dieser typische Schlag nun ein echter „hook" oder ein echter „slice?", lachte Lord Driver. „Sagen wir mal", fiel Capitain Hook in das Gelächter ein, „sagen wir mal, ein echter Slice!"

Die fröhliche Stimmung hielt an und ließ sich auch nicht dadurch stören, dass Capitain Hook seinem Abschlag auf der Bahn Zwei erneut einen deutlichen Rechtsdrall verlieh. Nur, wir erinnern uns, Bahn Zwei ist ein gerades Par 5, und da kann ein Rechtsdrall nur stören. Aber Capitain Hook hatte Glück. Das Fairway auf Bahn zwei ist sehr wellig, und der Ball kam auf einer Düne am rechten Fairwayrand auf, von wo er abgelenkt wurde. Er prallte ab und flog zurück auf das Fairway. „Na so ein Glück", lachte Capitain Hook wieder, „wozu so ein „Slice" gut sein kann!" Er wusste zu diesem Zeitpunkt nicht, welche Aussage er damit für die gesamte Golfwelt formulierte. Millionen Golfer weltweit würden ihm heute widersprechen. Die Stimmung blieb weiterhin gut, aber auf Bahn drei erging es Capitain Hook mit seinem Abschlag erneut genauso wie auf den ersten beiden Bahnen, und auf Bahn Drei und Vier passierte das Gleiche: der Ball driftete unaufhaltsam nach rechts ab, wo er hätte geradeaus fliegen sollen. Und diesmal gab es keine Düne, keinen Hügel, der den Ball zurück auf das Fairway lenkte. Einmal verirrte er sich in ein tiefes Rough, wo er für alle Zeiten verschwunden blieb, das andere Mal verschlug ihn der starke Westwind gar infolge der Nähe zum Strand auf das Meer hinaus, wo er der Strömung anvertraut wurde. Dieser Schlag machte Capitain Hook am wenigstens etwas aus, Wasser kann schließlich nichts Übles bedeuten. Er wurde etwas stiller, und auch Lord Driver bemühte sich, keinen unpassenden Scherz über das Missgeschick von Capitain Hook McSlice zu machen, der jetzt seinen Ball nur noch, bei jedem Schlag, nach rechts abdriften ließ. Selbst Lady Iron verzichtete auf weitere Sticheleien. „Jetzt habe ich aber genug von diesem blöden Rechtsdrall, Schluss mit „Slice"! Und damit hatte er diesmal schon eher den Nerv von Millionen von Golfern getroffen.

„Weißt du was?", sagte da Lord Driver in die aufkommende Stille hinein, „warum spielst du eigentlich von jetzt ab nicht einen „Hook?" Capitain Hook hielt beinahe im Gehen inne, verdutzt schaute er Lord

Driver an. „Was soll ich spielen? Einen „Hook"?" – „Warum denn nicht?", sagte da Lord Driver, „Wenn die Bahn eine sanfte Rechtskurve macht oder auf einem richtigen Dogleg nach rechts, spielst du deinen „Slice", und wenn es nach links geht, spielst du einfach einen „Hook", d. h., du gibst deinem Schlag einen Linksdrall."

Das Problem schien gelöst. Blieb nur noch eines zu klären: Wie gibt man seinem Ball einen Linksdrall? Genau das war die Frage, die Capitain Hook McSlice seinen beiden Mitspielern stellte. „Wie mache ich das?" „Weiß ich auch nicht", sagte Lord Driver, und Lady Iron zuckte mit ihren zarten Schultern. „Mach doch einfach genau das Gegenteil von dem, was du machst, wenn der Ball nach rechts abgeht", schlug ihm Lord Driver vor. Capitain Hook schien diese Empfehlung vernünftig. Aber was machte er eigentlich, wenn er einen „Slice" spielte? Und was ist das Gegenteil davon?

Mit dieser Frage muss ich unsere Leser leider alleine lassen, denn dies ist schließlich kein Lehrbuch für den richtigen Golfschwung. Es bleibt aber mitzuteilen, dass es Capitain Hook McSlice auf dem Rest der Runde gelang, mit seinem Ball immer die richtige Richtung einzuschlagen. Lord und Lady McGolf behaupten beide steif und fest, dass die Geschichte sich so zugetragen hat, so und nicht anders. Letztlich aber hat das niemand sonst gesehen, und so wird die Entstehung eines „Slice" und eines „Hook" wohl ewig eine Legende bleiben – die Legende um Capitain Hook McSlice.

19 › Mr. Putter und Mrs. Rough –
sie konnten nicht zusammenkommen

Es gibt in der Weltliteratur bereits unendlich viele Geschichten von un-
erfüllter, unglücklicher Liebe. Wir wollen dem nicht noch eine weitere
aus dem Golferleben hinzufügen. Aber leider wird uns nichts anderes
übrig bleiben, als dies doch zu tun, denn – wie könnten diese beiden
denn wohl zusammenfinden, Putter und Rough?

Wir kennen bereits Mr. Reginald Putter, den Golf-Pro unseres Clubs
in St. Elsewhere. Mr. Putter war wie gesagt ein feiner Kerl, ein hervorragender Golfer, der auf dem Golfplatz aufblühte, der jederzeit eine
Par-Runde spielen konnte, der sich perfekt (auch wenn es das natürlich nicht gibt) mit dem Golfschwung auskannte. Allerdings gibt es
aber, wie wir wissen, auch ein Leben außerhalb des Golfer-Daseins,
und der Schwung in diesem Teil seines Lebens, na ja, dieser Schwung
ließ doch etwas zu wünschen übrig – um nicht zu sagen, mit diesem
Schwung erreichte er nicht einmal die Platzreife.

Ganz anders die Haushälterin der McGolfs: Mrs. Rough war eine
resolute Dame in den besten Jahren, was bedeutet: Sie sprach nicht
über ihr Alter. Mrs. Rough hatte eigentlich ein liebevolles Wesen, aber
dieses versteckte sie gerne hinter einer ziemlich rauen Schale. „Das
war wohl eine fürchterliche Runde, so grauenhaft wie Sie heute aus
der Wäsche schauen!", konnte sie Lord Driver schon einmal zuwerfen,
wenn er nach einer fürchterlichen Runde nach Hause kam und sich
auch grauenhaft fühlte. Sie war nicht wirklich eine Schönheit, aber
das liegt ja in den Augen des Betrachters. Eher etwas gedrungen von
Statur hatte sie das, was ihr an Körpergröße fehlte im Laufe der Jahre
mit Breite kompensiert. Aber sie war nicht unansehnlich, eher mollig,
sehr ansehnlich sogar war ihre Oberweite. Wahrscheinlich musste
Mr. Putter deswegen immer wieder verstohlen genau dort hin-

schauen, wenn er Mrs. Rough erblickte. Und er erblickte sie häufig, in letzter Zeit, man würde sagen ziemlich häufig.

Mr. Putter hingegen war eher lang und schmal, stets freundlich von Natur, aber insgesamt wirkte er auf seine Bekannten immer etwas vergeistigt. Ein perfekter Spieler, der in der Theorie all seine Kunst an seine Golf-Schüler weitergeben konnte, aber in der Praxis niemanden mitzureißen vermochte, das wunderbare Gefühl einer Lust am Schwung konnte er keinem seiner Schüler vermitteln. Anders bei Mrs. Rough: Sie spürte immer sehr wohl ein Gefühl von Lust, wenn sie Mr. Putter sah. Dabei konnte sie nicht einmal Golf spielen. Seltsam. Nun ja, in dieser Konstellation beginnt unsere heutige Geschichte. Es war einer jener schönen Sommermorgen an der Ostküste Schottlands. Frühe Nebel hatten sich bereits verzogen und die Sonne traute sich heraus aus ihrer nächtlichen Scheu. Frisch und keck überblickte sie ihr Gebiet, den schönen Links-Course des Golfplatzes The Most Ancient Golf Club Of St. Elsewhere.

Mr. Putter würde heute Vormittag keinen Unterricht geben, also praktizierte er sein „Ritual", jenen immer gleichen Ablauf von Bewegungen und Tätigkeiten, wie er sie seit Jahr und Tag immer dann vollführte, wenn er alleine für sich auf den Golfplatz ging: Erst absolvierte er seine zehn Pflichtminuten an Lockerungsübungen. Zuerst kamen die Schulterdrehungen im Stehen dran, zehn nach jeder Seite, mit dem Schläger quer hinter dem Rücken. Dann folgten zwei Minuten Kniebeugen, gefolgt von langen und lauten Atemübungen. Das Zeremoniell wurde schließlich beendet mit rhythmischen Anspannungen des ganzen Körpers im Stehen, bevor sich Mr. Putter dann schließlich mit einem Ausschütteln der Arme aus der Schulter heraus zu seinem Bag begab, um seine Schläger zu sichten. Ja, tatsächlich sichtete er zuerst immer, ob seine Schläger a) alle da und b) alle an ihrem richtigen, ihnen angestammten Platz steckten. Er begann sein Driving-Range-Training immer mit einem Sandwedge, und dieses musste exakt in der dafür vorgesehenen Abteilung seines Bags (vorne links) stecken, sonst würde das ganze Training eine einzige Katastrophe werden. Ja, er war schon etwas eigenartig, unser Mr. Putter.

Mrs. Rough kannte das schon. Sie hatte ihn schließlich schon oft bei seinem Ritual beobachtet. Ihr war durchaus bereits des Öfteren angenehm aufgefallen, dass sie ihm bereits angenehm aufgefallen war, und so kam es, dass sie sich im Laufe der Zeit immer häufiger dabei ertappt hatte, dass sie ihm auf die Driving-Range folgte, ohne dass er es bemerkte. Sie beobachtete ihn nur von ferne, gerne wäre sie näher herangegangen, so fasziniert wie sie von seinem Ritual war. Ich glaube nicht, dass Putter davon wusste. Auf jeden Fall war sie auch heute wieder früh aufgestanden und hatte ihn heimlich beobachtet. So ruppig wie sie manchmal sein konnte, so war sie beinahe schüchtern, wenn es darum ging, ihren Schwarm bei seinen körperlichen Ertüchtigungen zu beobachten. Sie fühlte sich dann ganz verschämt, aber dieses Gefühl überkam sie immer nur sehr kurz. Dann dachte sie sich: „Mary, was machst du da eigentlich? Geh hin und frag ihn nach Trainerstunden, anders kommst du doch nicht ran an ihn!"

Reginald war an diesem Morgen besonders gut gelaunt. Er hatte wunderbar geschlafen, und ein herrlicher Tag mit viel Sonnenschein und nur wenig Wind kündigte sich an. Er hatte rasch und mit gewohnter Präzision seine Lockerungsübungen absolviert, hatte sich aufgewärmt, und vor dem ersten Abschlag wollte er noch auf der Driving-Range einige Übungsschläge machen. Es war sechs Uhr morgens, eine hervorragende Zeit für das Golfspiel. Du startest auf der Driving-Range, nur du und dein Schläger. Du bist allein, atmest die Morgenluft, und der salzige Geschmack der Meeresbrise legt sich bereits auf deine Zunge. Du spürst die Freiheit – perfekte Schläge werden den Ball durch die Himmel in ungeahnte Weiten schicken, die Welt gehört dir! Und da siehst du sie – sie steht neben der alten, kleinen, hölzernen

Besucherbank am Eingang zur Driving-Range: Mrs. Rough. Was macht die denn da?

Trotz ihrer Robustheit hatte es bis heute gedauert, dass sie sich ein Herz fassen konnte, in aller Offenheit dazustehen. „Hallo Reginald", sagte sie. Reginald, so hieß Mr. Putter nur für wenige vertraute Personen, von allen anderen ließ er sich nur Mr. Putter nennen. So stand sie also da, die gute alte Mrs. Rough. Alt? Alt wirkte sie eigentlich gar nicht, wenn man es genau nimmt. Er sah sie zum ersten Mal ohne Schürze. Die hatte sie abgenommen, bevor sie zu ihm gegangen war. Also alt – nein, alt fand er sie nicht.

„Ich hätte gerne eine Unterrichtsstunde", nahm sie das Gespräch auf, nachdem Putter kein Wort herausbrachte. „Ja, selbstverständlich, Mrs. Rough!", beeilte er sich jetzt zu antworten. Weitere Möglichkeiten der Konversation fielen ihm nicht ein. Vielleicht lag es daran, dass er einen leicht roten Kopf bekommen hatte, und das war ihm peinlich. Mrs. Rough schickte sich an, dies nicht zu bemerken. „Wie schön es hier ist um diese Zeit", nahm sie mit einer für sie fast lieblichen Stimme das Gespräch wieder auf. „Ja, ja", warf er, hektischer werdend, ein, „so herrlich allein!" Als er ihren Blick daraufhin bemerkte und er sich vorstellte, wie sie das vielleicht verstanden haben könnte, wurde seine Gesichtshaut noch eine Spur stärker durchblutet.

Er holte einen Eimer mit Bällen und drückte ihr einen Schläger in die Hand. Seltsamerweise griff er fast blindlings in sein Bag, was ihm gar nicht ähnlich sah, und wählte gar nicht aus. Später konnte er sich auch nicht mehr erinnern, ob es ein Eisen Fünf, ein Eisen Sieben oder sogar ein Holz gewesen war. „Nein, nein, nicht wie einen Besenstiel halten!" Er zeigte ihr den klassischen Overlapping-Griff. Als er so vor ihr stand und ihre Hand berührte, stellte er sich vor, wie er sie von hinten umfasste, um ihre Hand zu führen, aber diesen Gedanken verwarf er ganz schnell wieder. Sie hatte eine helle Bluse an, an der nicht nur der oberste Knopf, sondern auch noch der zweite, darunterliegende geöffnet war. Es war schrecklich für ihn, er erlitt ein Martyrium wie ein Verdurstender in der Wüste, der eine Fata Morgana mit sprudelnden Quellen sieht, von denen er weiß, dass sie für ihn unerreichbar sind. Hinschauen konnte er nicht und wegschauen konnte er schon gar nicht. Er versuchte, sich auf seine Arbeit zu konzentrieren. Von den fachlichen Inhalten dieser Unterrichtsstunde blieb ihm später nichts im Gedächtnis.

In der darauffolgenden Nacht sah er in seinen Träumen nur noch Bälle – große Bälle, kleine Bälle, liegende Bälle, fliegende Bälle, hüpfende Bälle – es war schrecklich. Die Bälle flogen ihm nur noch so um die Ohren, dass er kaum noch ausweichen konnte. Da schließlich näherte sich ihm ein einzelner riesiger Ball. Langsam flog er heran, wurde immer größer, kam direkt auf seinen Kopf zu. Er war unfähig sich zu bewegen. Doch was war das, war das denn richtig, hatte dieser Ball ein Gesicht? Vor lauter Schreck wich er im letzten Moment dann doch noch aus, rutschte auf feuchtem Untergrund aus und landete im tiefen Rough. Hier blieb er liegen, ohne sich zu rühren. Es war warm, die Sonne schien ihm auf Gesicht und Bauch, er fühlte sich behaglich wohl und schloss die Augen. So ein wunderbares Gefühl hatte er nicht mehr genossen, seit sein Großvater ihm zu seinem fünften Geburtstag den ersten Putter in die Hand gedrückt hatte. Schließlich träumte er, dass er einschlief.

Am nächsten Morgen wachte er nach einem erholsamen Nachtschlaf auf. Es war etwas später als gewohnt, aber sonst war alles wie immer. Wie immer? Fühlte er sich wirklich immer so wohl morgens? Hatte er wirklich immer so einen ausgiebigen Hunger morgens? War er immer so gut gelaunt? Jedenfalls stand er fröhlich auf, kam erfrischt aus der Dusche heraus und zog sich seine Lieblingssocken an (die mit den beiden Golfbällen an der Seite). Dann frühstückte er erst einmal lange und ausgiebig. Anschließend ging er wie immer auf die Driving-Range. Die Sonne drückte sich an den sich lichtenden Nebelschwaden vorbei und begann ihr Tagewerk, parallel dazu begann er sein Ritual des Aufwärmens – da packte es ihn wieder! Plötzlich war es wieder da, dieses unsagbar schöne Glücksgefühl von gestern, diese Wärme, die ihn durchströmte. Und neben dem Gefühl vollkommenen Glücks war da noch etwas. War das Hoffnung? War das Sorge? Unsicherheit? Er fühlte sich ganz komisch, so als wäre etwas passiert, was eigentlich nicht passieren konnte, was vielleicht gar nicht passieren durfte? Er hatte von ihr geträumt, sicher hatte er von ihr geträumt. Aber durfte das sein? Mr. Putter und Mrs. Rough – konnten die überhaupt zusammenkommen? Nein, das konnte sicher nicht sein, ein Rough verlangt nach einem Wedge, zum Beispiel. Vielleicht Lord Sandwedge? Mein Gott, das wäre ja furchtbar! Der? Niemals! Nein, das durfte nicht sein! Er musste sie unbedingt fragen, ob ihr die Unterrichtsstunde gefallen hatte. Vielleicht sollte er sie sogar zu einer weiteren Trainingsstunde einladen? Oder wenigstens zu einer theoretischen Stunde, vielleicht bei einer Tasse Tee, mit Anekdoten von berühmten Spielern? Oder mit Erzählungen aus der Geschichte des Golfsports? Dazu gab es ja hier, an der Wiege des Golfsports, im The Most Ancient Golf Club Of St. Elsewhere, die besten Voraussetzungen. Vielleicht könnte er auf diesem Weg noch einmal mit ihr zusammensein? Sollte der Golfsport etwa doch auch ein Menschen-verbindendes Element besitzen?

20 › Gottes kleiner, weißer Ball

Im Nachbarland der Schotten, in England, da wo man eine ähnliche Sprache spricht und auch der Golfsport ganz ähnlich ist, genauer gesagt in der Gloucester Cathedral, kann der gläubige Golfer, aber auch der einfache Besucher, mit ungläubigem Staunen das „Crecy Window", ein Glasfenster bewundern, welches einen Golfer beim Schwung zeigt, genauer gesagt beim Rückschwung, auf einem hügeligen Fairway mit Blick auf einen perspektivisch etwas zu groß geratenen Ball. Dieses Kirchenfenster stammt aus dem Jahre 1350, also ist dem Golf spielenden Schotten eines völlig klar: Bischof Gloucester muss vorher in Schottland zu Besuch gewesen sein, denn wo sonst auf der Welt hätte er damals einen Golfspieler sehen können?

Wir haben ihn bereits kennengelernt, Pfarrer Godefroy McSaint, den Geistlichen unseres kleinen Örtchens St. Elsewhere (nachzulesen z. B. in der „Weihnachtsgeschichte"). Pfarrer Godefroy war nicht nur ein Mann Gottes, er war auch ein Mann des Golfspiels. Eines schönen Tages besuchte er wieder einmal einen seiner Kollegen. Das Abstatten von Besuchen in anderen Gemeinden war eine seiner Lieblingsbeschäftigungen, dienten sie doch genauso dem Herrn wie der Dienst in der Kirche. Eine andere Lieblingsbeschäftigung war das Golfspiel, und wiewohl er es auch nach vielen Jahren des Studiums noch nicht herausgefunden hatte, so war er sich doch sicher, dass dieses Spiel etwas Göttliches haben musste (was beweist, dass auch ein Mann Gottes sich einmal täuschen kann, Anm. des Verfassers). Godefroy war sich auf jeden Fall aber sicher, dass er das Göttliche in diesem Spiel nur noch nicht gefunden hatte, dass es aber unbedingt existieren musste und dass er nur noch besser hinsehen musste, dass er noch viel lernen musste, er musste einfach mehr üben, was heißt: mehr spielen. Das war sicher der Wille des Herrn.

Was war es da für ein besonderes Vergnügen, wenn er beides miteinander verbinden konnte, wenn er seinen Studienkollegen James Miller besuchen durfte, einen langjährigen Freund und auch Golferfreund, der eine Gemeinde im Südwesten Englands betreute, genauer gesagt in der Grafschaft Gloucestershire, genauer gesagt in der Nähe der Stadt Gloucester. James war schon damals zu Studienzeiten ein guter Student der Theologie gewesen, zudem ein wahrer Freund, mit nur einem kleinen Fehler: Sein Handicap war immer etwas besser gewesen als sein eigenes, und das war heute noch so.

„Na, alter Freund!", begrüßten sie sich fast schon rituell gleichzeitig, „wie geht es dir?" Sie freuten sich beide gleichermaßen, dass sie sich nach mehreren Jahren nun endlich wiedersehen konnten, und sie hatten sich viel zu erzählen: Wie sich die Arbeit in den Gemeinden verändert hatte, wie die Gemeinden sich veränderten, angesichts der finanziellen Situation der Kirchen, der Wirtschaftslage und der lokalen politischen Verhältnisse. Von ganz besonderem Interesse waren hierbei natürlich immer auch die Unterschiede zwischen den beiden Kirchen, schließlich war James in der Church of England Anglikaner und Godefroy war Presbyterianer in der Church of Scotland. Am Ende der Gespräche kam man natürlich immer auch zur großen Weltpolitik, und ebenso selbstverständlich von dort dann zu den beiden wesentlichen Dingen, welche die ganze Welt determinieren und zusammenhalten: Dem Glauben und dem Golfspiel. Also wurde das Gespräch folgerichtig auf dem lokalen Golfplatz weitergeführt.

„Ich glaube, du bist immer noch besser als ich!", initiierte Pfarrer Godefroy das Gesprächsthema, „du warst immer schon besser als ich. Wahrscheinlich hast du das größere Talent, denn mehr üben als ich wirst du doch wohl nicht, oder?" – „Nein, niemals", antwortete ihm sein Freund James, „ich komme höchstens zwei Mal in der Woche zum Spielen, und du?" Godefroy's Augen und auch sein Mund hatten sich geweitet bei diesen Worten, und dies war ein paar Sekunden lang ein irreversibler Zustand. Schließlich fasste er sich und konnte den Mund wieder schließen, und auch sein Lidspalt schrumpfte wieder auf ein normales Maß.

„Zwei Mal in der Woche schaffst du es, auf den Golfplatz zu gehen, das kann doch nicht dein Ernst sein! Ich schaffe das höchstens zwei Mal im Monat. Wo nimmst du denn nur deine Zeit her?", wollte Godefroy von ihm wissen. „Ach", antwortete ihm sein Kollege James, „ich glaube, das ist nur eine Frage des Zeitmanagements. Man muss sich nur disziplinieren, für die unterschiedlichen Bedürfnisse im Leben die Balance zu halten. Ich habe da von einer interessanten Theorie gehört, die soll übrigens von einem Fachmann aus deinem Heimatclub stammen! Er nennt das „Golf-Life-Balance"." (Siehe auch die gleichnamige Geschichte S. 131)

„Ja, da kam vor einiger Zeit so eine verrückte Idee auf, ich habe auch davon gehört", antwortete Pfarrer Godefroy, „aber das ist ja alles Unsinn! Da geht man davon aus, dass zwischen dem Golfspiel und dem Leben eine Balance herrschen müsse, was soll das denn heißen!? Das Leben ist ein Geschenk Gottes und das Golfspiel genauso, es gehört dazu, ist untrennbar damit verbunden. Es ist eine Einheit, da gibt es keine „Balance"." Und sie begannen zu philosophieren, natürlich über Gott und die Welt, aber speziell auch über das Golfspiel an sich. „Glaubst du wirklich", begann Godefroy erneut, „dass das Golfspiel eine göttliche Gnade darstellt? Ist es nicht vielmehr ein Teufelswerk der Versuchung, eine Prüfung an unsere Standhaftigkeit, die Aufforderung an uns, Demut zu üben?" „Ja, damit kannst du recht haben", resümierte Pfarrer James und ging uneinholbar mit fünf Schlägen Auf (beim Lochspiel) in Führung, was unseren Golffreund Pfarrer Godefroy schon größere Mengen Demut abverlangte. „Demut ist allenthalben unsere Aufgabe, vor allem in unserer Verpflichtung unserem Nächsten gegenüber!", predigte er und schob ein Birdie hinterher.

„Kümmert sich der Herr nicht um die ganz Besonderen unter uns in ganz besonderem Maße? Prüft er nicht manchmal gerade die Besten? Ich glaube, mit dem Golfspiel gab er dem Menschen nicht nur das Göttliche im Spiel, er gab ihnen Kraft, Mut und Ausdauer, die Beschwernisse, die dieses Spiel mit sich bringt, zu ertragen und die Demut zu erlangen, die wir im Dienste an ihm und an uns benötigen. Was meinst du?", fragte James.

„Du meinst, alles an dem Spiel ist SEIN Werk, die Regeln, die Schläger und der Ball? Du meinst, es ist Gottes kleiner, weißer Ball, den wir spielen, um uns zu vervollkommnen? Weil ER es so will?"

„Ja, ich denke schon, ich glaube, dass es so ist", antwortete Pfarrer James. „Wie sonst käme die allererste bildliche Darstellung eines Golfers gerade auf ein Kirchenfenster? Das ist Vorsehung! ER will uns damit sagen, „Die friedliche Natur auf dem Fairway ist mein Reich, nimm meine Schläger und spiele meinen kleinen, weißen Ball, und du wirst den Glauben erfahren"."

Wir wissen nicht, wie der theologische Disput über dieses umfassende Thema an jenem Abend ausgegangen ist (wir wissen nur, dass Pfarrer Godefroy das Spiel grandios verlor und sich mächtig darüber ärgerte), Godefroy nahm aber auf jeden Fall die Gewissheit mit nach Hause, dass es ebenfalls kein Zufall sein konnte, dass der Herr gerade die kleine, schottische Gemeinde – seine Gemeinde – dafür auserwählt hatte, der Menschheit das Golfspiel zu bringen. Das musste eine Bedeutung habe, er würde das noch herausfinden.

21 › Vetter Handwedge aus Golftown, Australia

Der alte Rob McMulligan war es gewohnt, dass ihn jedermann als alten Mogler ansah und manchmal – man stelle sich das vor – ihn sogar direkt als solchen ansprach! Eigentlich hatte er das noch nie so richtig verstanden, weil seines Erachtens nach immer alles rechtens war, wie er sich auf dem Golfplatz benahm. Er konnte sich gar nicht vorstellen, dass man auch absichtlich mogeln konnte, und schon gar nicht bei jemandem aus der Familie, nein, niemals. Dann aber kam der Tag, als er zum ersten Mal in seinem Leben seinen Vetter Brian aus dem fernen Australien traf. Bislang hatte er ihn nur von Erzählungen gekannt, und diese Begegnung sollte sein Golferleben ändern – wieder einmal!

Brian Handwedge hatte sein Leben lang Australien nie verlassen. Obschon er schottische Wurzeln besaß – seine Mutter war immerhin Rob's Tante gewesen –, hatte er nie das Bedürfnis verspürt, seine Heimat zu besuchen. Nachdem seine Mutter einen gewissen Mr. Handwedge aus dem Nachbarort geheiratet hatte und schwanger wurde, hatten seine Eltern schon vor seiner Geburt Schottland verlassen und waren nach Australien ausgewandert. Dort hatten sie im Städtchen Golftown eine neue Heimat gefunden, wo sie in den folgenden Jahren mit einem schottischen Spezialitäten-Restaurant ein kleines Vermögen verdienten. Später hatte er sein Geld in den Aufbau einer Golfschule gesteckt, die unter dem Namen „Golftown Scots" berühmt wurde. Er war in seinen Lehrmethoden sehr erfinderisch und entwarf durchaus auch die eine oder andere neue Schwung- und Schlagtechnik (was er wohl von seinen entfernten Verwandten, den McGolfs in St. Elsewhere vererbt bekommen hatte, Golf-Gene sind nun mal extrem dominant).

Eines Tages hatte ein gewisser Clyde McMulligan eine Lehr-DVD bei ihm bestellt und sich nach Erhalt ganz begeistert telefonisch bei ihm gemeldet. So etwas habe er ja noch nie gesehen, von diesen ungewöhnlichen Übungen und Trainigsmethoden hatte er noch nie zuvor gehört, und einige der Schwungtechniken hatten ihn fasziniert. Am meisten jedoch bewunderte er den Ideenreichtum, mit dem Brian in seinem Lehr-Video die schwierigsten Situationen auf dem Golfplatz meisterte. Die beiden waren ins Gespräch gekommen, und wegen des Namens „Golftown Scots" hatte Clyde bei Brian nachgefragt, wo er denn herstamme, ob er vielleicht schottische Vorfahren habe. Und als Brian ihm eröffnete, dass seine Eltern aus derselben Gegend stammten, in der Clyde wohnte, da stellte es sich schnell heraus, dass beide nicht nur entfernt miteinander verwandt waren (wie alle Schotten irgendwie miteinander verwandt sind), sondern dass sogar eine sehr enge Verwandtschaft bestand, Clydes Vater Rob McMulligan war nämlich der Vetter von Brian, Brian war Scot's Onkel. Und so waren sich beide rasch einig: Brian musste unbedingt einmal nach Schottland kommen, in das Land seiner Väter. So erhielt er also offiziell eine Einladung vom Präsidenten des Most Ancient Golf Club Of St. Elsewhere zu einem Turnier, welches sich „Reunion Tournament" nannte, zu welchem vornehmlich ehemalige Mitglieder des Clubs sowie auswärtige Clan- und Familienmitglieder eingeladen wurden, darunter Brian Handwedge.

Brian hatte vorgeschlagen, das Turnier im Sommer stattfinden zu lassen, weil es da unerträglich heiß sei (er dachte dabei an Australien). Das Turnier fand also an einem schönen Wintertag in St. Elsewhere statt, denn der australische Sommer entspricht ja zeitlich, der geographischen Lage auf Süd- und Nordhalbkugel gehorchend, dem schottischen Winter. Brian kam im kurzen Hemd und mit Shorts bekleidet an und fror also wie ein Schneider, aber es machte ihm nichts aus. Irgendwie dachte er, das müsse so sein, irgendwie fühlte er sich zuhause.

Das Turnier war eigentlich nebensächlich, stellte gewissermaßen nur den Aufhänger für das Wiedersehen mit einem verlorenen Sohn dar. Und Brian dankte es „seinem Clan" (wie er die McGolfs schließlich nannte) die herzliche Gastfreundschaft damit, dass er ihnen eine Menge Tricks beibrachte. Die McMulligans waren am meisten von der Technik begeistert, wie ein Ball, der in einem Sandbunker tief im Sand eingegraben ist, ganz leicht wieder auf das Fairway befördert werden kann. Man musste nur seine Greifhand zu Hilfe nehmen, die den Schläger dadurch ersetzen konnte, dass der Ball statt mit dem flachen Schlägerblatt eines Sandwedge mit der flachen Hand von Brian Handwedge genommen und aus dem Bunker hinausgeworfen wurde.

„Ihr Schotten seid doch immer so sparsam, wie man bei uns sagt. Wir Australier sind da anders. Wir geben mit vollen Händen, und wir sind freiheitsliebend und großzügig. Wir brauchen euer konservatives „Sandwedge" nicht, wir geben auch schon mal den Ball mit vollen Händen frei!" Dieser Trick funktioniert allerdings nicht immer, am besten dann, wenn der Bunker sehr tief ist, aber von tiefen Bunkern wimmelte es nur so auf dem Most Ancient Golf Course Of St. Elsewhere. Ein so diffiziler Schlag gelingt nämlich nur, wenn kein störender Zuschauer oder Mitspieler ihn sieht. Die Technik gefiel aber und wurde von den McMulligans bewundernd und nicht ohne ein gewisses Augenzwinkern innerhalb der Familie nur noch als „Handwedge" bezeichnet.

Eigentlich sollte dies ein Familiengeheimnis bleiben, aber irgendwie gelangte diese Bezeichnung nach draußen, und deshalb nennt man seit dieser Zeit in gewöhnlich gut informierten Kreisen die „Verbringung des Spielballs aus einem Sandbunker auf das Fairway unter Zuhilfenahme der Hand…" ein „Handwedge".

22 › Golf-Life-Balance

Psychologen und andere Ratgeber benutzen einen speziellen Fachausdruck, wenn sie uns mitteilen wollen, dass Arbeit nicht alles sei im Leben: Work-Life-Balance. Von der Wucht dieser Wortneuschöpfung erfasst, fühlen wir uns erst einmal überwältigt, aber nach den ersten anerkennenden „Ah"s und „Oh"s, wenn wir uns dies Wortungetüm näher ansehen, kommen uns berechtigte Zweifel an seinem Sinn. Eine Balance, ein Ausgleich zwischen Arbeit und Leben? Was soll das denn schon wieder für ein neumodischer Quatsch sein? Leben wir vielleicht nicht während der Arbeit? Der Ausdruck wird allerdings etwas verständlicher, wenn wir uns seine Entstehungsgeschichte einmal näher ansehen.

„Beim Golfen geht es nicht um Leben und Tod, da geht es um sehr viel mehr!" Dieser alte schottische Witz, so harmlos er uns zunächst erscheinen mag, enthält sehr viel mehr als nur ein Fünkchen Wahrheit. Der alte Truman konnte ein Lied davon singen. Truman McGolf war schon uralt, er galt als das sogenannte „Urgestein" der McGolfs. Er war zwar nur sehr entfernt verwandt, da er aber den ordentlichen Namen der McGolfs trug, wurde er stets zu allen Familienfeiern eingeladen und war auch in der Chronik der Familie fest verankert. Wie er mit Vornamen wirklich hieß, das wusste schon niemand mehr, nicht einmal die Alten. Das lag wahrscheinlich daran, dass Truman älter war als die meisten anderen des Ortes. Er selbst sagte, eine seiner früheren, zahlreichen Freundinnen in seinem Leben habe ihn einmal einen „True Man" genannt, und diesen Ausdruck interpretierte er nicht in der Bedeutung „treu und ehrenhaft", sondern als „Wahren Mann", was alle anderen als bloße Angeberei abtaten. Wie alt Truman war, das wusste niemand so genau. Er sagte zwar immer, er gehe auf die Neunzig zu, aber das tat er bereits seit vielen Jahren, also konnte es irgendwie nicht stimmen. Trotz seiner schütteren weißen Haare, seines faltendurchfurchten Gesichts und seines leicht gebeugten Rückens ließ er noch immer etwas von der imposanten Gestalt erahnen, die er früher einmal innehatte, aber sein Alter sah man ihm doch an (wie hoch es auch immer sein mochte).

„Mein lieber Gandolf, du spielst ja heute wieder wie ein junger Gott", entfuhr es Truman, als Gandolf McDruidear nun schon auf der dritten Bahn hintereinander seine Annäherung tot an die Fahne legte. „Aber du bist ja auch noch ein junger Mann!" Truman wusste genau, wie sehr er Gandolf, der wahrscheinlich nicht viel jünger war als er, mit dieser Bezeichnung ärgern konnte. „Aber du, alter Mann, spielst heute auch nicht schlecht, ich würde sagen, fast mittelmäßig!", stichelte Gandolf zurück. Für beide war der jeweils andere der einzige Golfpartner im Ort, der eine solche Bemerkung machen durfte.

Das Alter und die daraus resultierende Lebenserfahrung waren es, die beide eng miteinander verband. Also sinnierten beide Männer, wenn sie beisammen waren, in der Regel über den Sinn des Lebens. „Sag mal, Truman", begann diesmal Gandolf mit dem obligatorischen Gedankenaustausch, „du bist doch der Ältere von uns beiden. Wenn du dein Leben so überblickst, welchen Anteil daran nimmt eigentlich das Golfspielen ein?" Truman blinzelte mit einem undefinierbaren Blick unter seinen Augenbrauen hervor, Augenbrauen die mindestens genau so buschig waren wie die von Gandolf, und betrachtete seinen alten Freund beinahe wie einen Fremden, den man zum ersten Mal traf und der eine völlig sinnentleerte Frage gestellt hatte.

„Was?!", war dementsprechend auch die bestmögliche Antwort, die er zu geben vermochte (wiewohl diese Antwort bei genauerer Betrachtung eigentlich gar keine Antwort darstellte, sondern selbst wiederum eine Frage war). Mit Gandolfs Frage konnte er in der Tat überhaupt nichts anfangen. „Wie?!", lautete dementsprechend dann die nächste Antwort, die ihm entfuhr. Er war einfach zu perplex, um die Frage zu beantworten, weil er Inhalt und Sinn überhaupt nicht verstand. „Golf ist doch kein Teil meines Lebens, Golf IST mein Leben! Oder verstehe ich hier etwas nicht richtig?", versuchte er sich dann an einer richtigen Antwort.

„Sicher habe ich früher auch Freundinnen gehabt, davon waren einige schon wirkliche Highlights in meinem Leben, das muss ich schon sagen. Wenn ich so an Lucy denke, oder Morva, uiuiui, oder …", wollte er gerade ausholen, als Gandolf ihn rasch unterbrach, weil er wusste, was jetzt sonst folgen würde: Eine schier unendliche Aneinanderreihung von Anekdoten, die ohnehin niemand hören oder gar glauben wollte.

„Bleiben wir doch mal beim Golfen", fuhr Gandolf fort. „‚Leben‘ ist doch wohl der alles umfassende Oberbegriff für uns alle, und das Golfspiel ist ein Teil davon. Was bedeutet dir also das Golfspielen in deinem Leben?" Rasch wusste der alte Truman jetzt zu antworten: „Ach so meinst du das, ja, das ist einfach. Das sehe ich nämlich ganz anders! Ohne Golfen ist das ganze Leben nämlich nichts, und ohne mein Leben ist das Golfen natürlich nicht möglich. Also was soll die Frage? Eines ist doch ohne das andere gar nicht denkbar, das ist doch selbstverständlich! Jedes hat seinen Anteil am anderen, und beides ist gleich wichtig für mich!"

„Ja, aber so kannst du es doch nun wirklich nicht sehen", versuchte Gandolf die Diskussion weiterzuführen. „Du brauchst doch dein Leben, um überhaupt auf den Golfplatz gehen zu können, ohne das Golfspiel hingegen kannst du sehr gut leben, du brauchst es nicht, um zu existieren". Mit diesen Worten kam er allerdings bei Truman gar nicht gut an. „Was erzählst du da? Du willst mir sagen, dass ich ohne das Golfspiel sehr gut leben kann? Woher nimmst du eigentlich deine Frechheit, junger Mann, mir sagen zu wollen, was ich brauche und was nicht?", und Truman geriet in Rage. Und Truman begann sich zu ereifern, erstens darüber, wie wichtig ein lebendiges Golfspiel für ihn sei, und zweitens darüber, was Gandolf sich einbilde, ihm etwas über die Wichtigkeit seines Lebens vorschreiben zu wollen. Und wer Truman kennt, der weiß, dass er sich unter gewissen Umständen schon sehr stark ereifern kann, so stark, dass er dabei sowohl seine Manieren als auch den Gesprächsfaden verlieren kann. Als Gandolf merkte, dass er hier wohl ein sehr heikles Thema angeschnitten hatte, dessen Diskussion bereits aus dem Ruder lief, überlegte er fieberhaft, wie man da jetzt wohl wieder rauskäme, aus diesem Schlamassel. Und es fiel ihm auch etwas ein, Gandolf fiel immer etwas ein.

„Du hast ja vollkommen recht, mein Guter", begann er vorsichtig. „Golf und Leben sind natürlich nicht identisch, aber sie sind gleich wichtig, will ich mal sagen! Ich habe auch nur gemeint, dass man – theoretisch – auch ein Leben ohne Golf führen könnte, aber was wäre das denn für ein Leben! Alles was das Leben wirklich ausmacht, erhält man natürlich vom Golfen: Liebe, Respekt, Zufriedenheit!" Truman wurde von Wort zu Wort, von Erklärung zu Erklärung immer zufriedener und bestätigte zuletzt mehrfach, ja, das habe er auch gerade sagen wollen, ja, das sehe er absolut genauso.

Und Gandolf verstand es auf zauberhafte Weise, Truman noch ein paar weitere Worte und Gedanken in den Mund zu legen, so als wären sie von ihm selbst. Bis Truman abschließend bestätigte: „Wieso habe ich dich nicht gleich verstanden, mein alter Freund? Natürlich ist alles eine Einheit, Golf und Leben, Leben und Golf, und es kommt nur darauf an, dass die Einzelteile miteinander in Balance sind, sozusagen in einer ‚Golf-Life-Balance'." Truman war richtig stolz auf seine Wortneuschöpfung. „Wie findest du das: ‚Golf-Life-Balance'. Ist das nicht gut? Sagt alles aus, in einem einzigen kurzen Ausdruck, die Zusammenfassung des ganzen Lebens in einem einzigen prägnanten Wort. Golf-Life-Balance, das ist es, das ist das Heureka, die Quintessenz, die …", und es fielen ihm noch viele Begriffe ein, mit denen er seinen Neologismus versah, die zu wiederholen an dieser Stelle unpassend wäre. Gandolf jedenfalls hörte geduldig zu und begann seinerseits jetzt über diesen Begriff intensiver nachzudenken. Und beide alten Knaben spielten in voller, lebendiger Diskussion zu Ende und verloren sich danach noch stundenlang in tiefschürfenden Gesprächen über den Sinn des Lebens und den Sinn des Golfens.

Dieser Abend wurde berühmt, und in fern und nah kannte man ihn bald unter dem Namen „Balance Evening". Und obwohl jeder den Inhalt kannte, wurde von Erzähler zu Erzähler bei der Weitergabe des Gesprächs in bester Manier einer stillen Post der Inhalt immer ein klein wenig verändert. Und bald war aus den Begriffen Golf und Life die Begriffe God und Love, Goods und Wife, und schließlich eben auch Work und Life. Und obwohl ohne jeden Sinn, hielt sich dieser Ausdruck standhaft bis heute, wo er die Seminare eifriger Psychologen und Coaches füllt.

Der Ursprung des Ausdrucks „Work-Life-Balance" ist damit zwar geklärt, das macht ihn aber natürlich nicht wertvoller. Nun gut, lassen wir ihn gewähren. Aber „Golf-Life-Balance", dieser Ausdruck macht weiterhin Sinn! Golf und Leben, hierbei handelt es sich wenigstens um zwei gleichwertige Begriffe, wobei in gewissen Kreisen an der schottischen Ostküste weiter darüber diskutiert wird, ob Golf nicht doch der eigentliche Oberbegriff ist.

23 › Lady Fairways Traum

Wer wollte sagen, ob Golf männlich oder weiblich ist? Vieles klingt so unpersönlich sächlich: Das Golfen, das Clubhaus, das Fairway. Und doch werden wir von diesem Spiel so verzaubert, als hätte es etwas Persönliches, und so etwas ist ja immer – je nach Gusto – weiblich oder männlich.

Lady Fairway hatte eines schönen Tages wieder einmal einen Traum vom Golfspiel. Sie träumte eigentlich recht häufig davon, mehr als von anderen Dingen. Sie war mit ihren Eltern und ihrem Bruder auf dem Platz unterwegs und der „Familien-Flight" machte sich recht gut. Es gab keinen Streit, nur zufriedene Gesichter, selbst bei ihrem Bruder, und viel fröhliches Gelächter. Gleich auf der ersten Bahn hatte ihr Vater einen Eagle gespielt, der vor allem deshalb zustande kam, weil er mit seinem Abschlag direkt das Grün angegriffen hatte und den Ball tatsächlich auch dort platzieren konnte (was tatsächlich traumhaft ist, bei einer Bahnlänge von 388 Metern selbst bei einem Dogleg).

„Siehst du, Tochter", hatte Lord Driver sie belehrt, „das ist eine männliche Bahn, deswegen nennt man sie auch „Driver's Truth"." (Was bei Licht betrachtet nicht viel Sinn macht, aber es war ja schließlich ein Traum.) „Wie, was heißt denn hier männlich", hatte sie geantwortet, aber ihr Vater war bereits weitergezogen.

Bahn Zwei mit ihrem stark gewellten Fairway hingegen muss Lady Iron an so manch eine weibliche Form erinnert haben, denn sie klärte ihre Tochter auf: „Diese Bahn ist eindeutig weiblich, deshalb heißt sie auch „The Hope" (Was genauso wenig Sinn macht, aber wir sind ja immer noch im selben Traum). „Die Bahn Drei hat ein neutrales Geschlecht", komplettierte schließlich ihr Bruder Lord Socket den Reigen des Erklärens. „Diese Bahn hat keinen Namen, und deswegen ist sie sächlich." Im Traum erschienen ihr all diese Erklärungen höchst sinnig und stimmig zu sein, und so ergänzte sie: „Und das Golfspiel selbst ist sowohl weiblich wie auch männlich, weil es für jeden etwas bereit hält!" „Genau", antwortete ihre Mutter als Erste, „Golf ist weiblich, weil es für uns Frauen immer eine wunderbare Möglichkeit zur Selbstbestätigung bietet, schließlich spielen wir besser als die Männer." „Nein, nein, meine Liebe", fiel Lord Driver seiner Frau ins Wort, „Golf ist männlich, schau dir doch nur diese Schläger an, diese Kraft! Golf ist männlich, eindeutig!" Lord Socket griff in die Diskussion ein: „Warum nicht sächlich? Golf könnte sächlich sein, damit könnte sich jeder gleichermaßen identifizieren. So gäbe es keinen Streit!" Dem wurde von den Eltern heftig widersprochen, schon allein deshalb, weil es Neutralität überhaupt nicht gäbe!

Der Streit zog sich in Lady Fairway's Traum schier unendlich in die Länge, und als es ihr reichte, wachte sie mitten in der Nacht auf, irritiert und missmutig, und wollte diesen Unsinn rasch vergessen (was nicht gelang, denn als sie wieder einschlief, träumte sie an der gleichen Stelle weiter, an der sie aufgehörte hatte). Beim morgendlichen Aufwachen jedoch zog sie es erneut vor, hierüber niemandem zu berichten, auch nicht ihren Eltern und ihrem Bruder, und so gerieten all die klugen Gedanken hierzu in Vergessenheit.

Wir werden wohl nie erfahren, ob Golfen nun eher männlich oder eher weiblich ist!

24 › Der gute Ratschlag

Wer kennt ihn nicht, den allerorts gehörten guten Ratschlag von Golfer zu Golfer? Wir werden beraten, wie wir stehen sollen, wie wir den absolut richtigen Griff machen müssen, wie wir die Hüfte drehen müssen usw. Der gute Ratschlag kostet nichts, außer Nerven (beim Beratenen) und – gottseidank – manchmal zwei Strafschläge beim Beratenden (wenn man es schafft Regel 8-1a anzuwenden und den unerbetenen Ratschlag als Belehrung zu klassifizieren, was leider nur beim Wettspiel der Fall ist).

Ein gerne gesuchtes und meist auch gefundenes Opfer für Belehrungen ist der Neuling. Mit ihm kann man es machen, ihm kann man seine ganze Weisheit aufzwängen, er glaubt alles, was man ihm sagt, und wenn es auch der größte Unsinn ist.

„Am besten ist es, Sie stellen sich erst einmal ganz locker hin und schlagen einfach nach dem Ball, ohne viel nachzudenken. Sie müssen von Beginn an absolut konzentriert sein, jede Körperhaltung genau im Blick haben, die kleinste Abweichung kann den Schwung komplett zerstören! Der Stand kommt später. Am Anfang ist es am wichtigsten, wie Sie den Schläger in die Hand nehmen!" Ja, wer würde sich nicht gut aufgehoben fühlen bei so viel Empathie und Zuneigung. Jeder der erfahrenen Golferkollegen will nur das Beste, er gibt sein Bestes und dann muss es wohl auch das Beste sein. Man steht da, probiert aus und merkt ganz schnell, dass es weder auf die eine noch auf die andere Art funktioniert. Der Ball fliegt eben nicht gerade und weit. Er fliegt gar nicht, weil man ihn nämlich vor lauter guten Ratschlägen gar nicht getroffen hat. Es kommt dann in der Regel so, wie es kommen muss: Der unerfahrene Golfer, der zunächst froh über jeden Ratschlag war, wird unwirsch, nervös und unwillig, sich jeden Mist anzuhören, der einem als Königsweg des Golfens angeboten wird. Manche Anfänger durchschauen auch ziemlich schnell die Hintergründe der wohlmeinenden Ratschläge, nämlich dass es dabei gar nicht um das eigene Wohl geht, sondern eher um die Profilierungssucht desjenigen, der den unerbetenen Ratschlag erteilt. Welcher erwachsene Mensch (und das Gleiche gilt natürlich, wenn vielleicht nicht sogar noch mehr, für den Jugendlichen) lässt es sich gerne gefallen, wenn er auf der Driving-Range steht, sich redlich abmüht, den Ball ordentlich zu driven, und dann plötzlich und unerwartet einen Stoß in der Kniekehle verspürt, der ihn einknicken lässt. Ein erfahrener Golferkollege hatte sich heimtückisch von hinten angeschlichen und dann jenen perfiden Bewegungsakt mit seinem Schlägerschaft ausgeführt, um den Neuling in die Knie zu zwingen, denn der Stand muss ja schließlich leicht gebeugt und locker sein.

Ihr werdet sagen, so etwas gibt es doch gar nicht! Dann werde ich euch sagen: Doch, das gibt es, und ein Beweis dafür sind die häufigen, zum Teil unerhörten Vorgänge auf allen Golfplätzen der Welt. Natürlich nicht auf unserem eigenen Golfplatz von St. Elsewhere – oder?

25 › Abwandlungen

Golf ist ein so wunderbarer Sport, von so vollkommener Schönheit, so
perfekt in seiner Ausgestaltung und in seinen Regeln, dass man sich nicht
vorstellen kann, wie man ihn noch verbessern könnte. Oder doch?

Wie überall auf der Welt diskutiert man auch im Clubhaus von
St. Elsewhere nach einer schönen Runde mit Freunden üblicherweise
die Ereignisse des Spiels (Hast du meine Annäherung auf der Vier
gesehen?), man erzählt sich aber auch gerne Geschichten rund um
das Golfspiel. Sie handeln dann meist von vergangenen Heldentaten
(Birdie auf der Achtzehn und damit Gewinn des Matches), betreffen
familiäre Besonderheiten (die „doppelten" Abschläge des guten Rob
McMulligan) oder berichten Witziges aus der Familie (Sir Bunker's
Suche nach Bällen in Sandkuhlen). Oder man nimmt sich das Golfspiel an sich zum Thema. Diesmal diskutierte man über Abwandlungen des Golfspiels. Da soll es einen Amerikaner gegeben haben, der
seinen Ball (respektive seine Bälle, er soll Hunderte davon gebraucht
haben, da er im Laufe des Spiels ebenso viele verloren hatte) von der
Ostküste bis zur Westküste der Vereinigten Staaten gespielt hatte
(nicht berichtet wird, ob er, dort angekommen, seinen zuletzt gespiel-
ten Ball auch irgendwo eingelocht hat). Mr. Yip wiederum berichtete
vom längsten Golf-Course der Welt in Australien, wo man von einem
Green zum nächsten Abschlag mit dem Auto fahren muss und insgesamt bei einem Spiel 1365 km zurücklegt. Oder man schüttelte den
Kopf über Golfer in der weißen Wüste der Arktis, im steinigen Hoch-
gebirge oder in der wasserlosen Wüste irgendwo auf der Welt, über
Unterwasser-Golf (mit dieser Variante war in China sogar schon einmal ein Turnier veranstaltet worden), Büro-Golf, Golf mit Alligatoren,
Bären und Schlangen. Lord Driver berichtete von einem Golfschlag
auf dem Mond, den der Astronaut Alan Shepard am 31. Januar 1971

mit einem Eisen Sechs vollführte, und schließlich wurde noch von einem Par-3-Loch in Südafrika gesprochen, das von einem Bergplateau über eine Distanz von 800 (!) Metern auf ein kleines Grün gespielt wird.

An diesem Abend hatten es unseren Freunden die Abwandlungen vom klassischen Golfspiel angetan. Da sollen – vor allem im fernen Europa, aber durchaus auch im verwandten Neuseeland – seltsame Spielvarianten entwickelt worden sein: Abwandlungen, von denen einige für sich sogar in Anspruch nahmen, etwas vollkommen anderes zu sein als Golf, aber immer noch den Namen der McGolfs in ihrer Bezeichnung tragen. Ungeheuerlich! Nach langen Diskussionen an jenem Abend waren einige der Freunde an jenem Punkt angelangt, den man normalerweise den „Point of no return" nennt. Da bedingt der Alkoholspiegel im Gehirn eine gewisse Gelassenheit der Vernunft gegenüber, und man ist bereit, so ziemlich jeden Blödsinn ernsthaft zu vertreten, wenn er nur gut dargestellt wird. So war es auch an jenem Abend, denn das Golfspiel lässt sich jederzeit sehr gut darstellen.

Lord Driver, Sir Bunker, Mr. Yip und Lord Sandwedge saßen immer noch an Loch 19, obwohl sie den o.g. Punkt schon längere Zeit passiert und hinter sich gelassen hatten. Sie waren immer noch sehr fröhlich, intellektuell allerdings auf einem – sagen wir – interessanten Level.

„Ich wette mit dir, John, dass ich mehr Spielarten des Golfspiels kenne als du!", lallte Yip, der normalerweise eigentlich gar nicht viel Alkohol vertrug, und über den die anderen sich bereits wunderten, vor allem darüber, dass er noch sitzen und verständlich reden konnte. „Ich wette um eine Runde!" Und obwohl Lord Driver gar nicht mehr verstand, was für eine Runde Yip wohl meinen konnte, schlug er ein. „Ja, so machen wir das", antwortete er und wollte gerade beginnen, die erste Spielart zu nennen. Doch Sir Bunker kam ihm zuvor, indem er langsam und mit leicht verwaschener Sprache meinte: „Aber hallo, und was ist mit mir? Ich kenne auch alle Spielarten!" Dies wiederum brachte Lord Sandwedge zunächst zu einem breiten Grinsen und veranlasste daraufhin ein unpassendes Gelächter, unpassend, weil er beim Wort „Spielarten" an ganz etwas anderes dachte als an Golf. Wahrscheinlich dachte er dabei eher an Lady Fairway. Kurz darauf hatten sich die vier Kenner darauf verständigt, dass jeder, der Reihe nach bei Yip beginnend, eine Spielvariante des Golfspiels nennen sollte, und wer als Erster passen musste, der schied als Erster aus. Der zuletzt übrig Gebliebene sollte Sieger und „König der Spielarten" sein.

Und sie fingen bei den einfachsten Spielarten an: Es gibt neben den beiden Varianten des Zählspiels und des Lochspiels weitere Abwandlungen, die heute weltweit etabliert und zum Teil sogar bei offiziellen Turnieren anerkannt sind. Diese wurden zuerst genannt. „Der Foursome", rief Yip laut und siegessicher, so als könnte jetzt nicht mehr viel folgen. Lord Driver konterte mit dem „Fourballs", bei dem ebenfalls zwei gegen zwei antreten, aber anders als beim klassischen Vierer jeder Spieler nur mit seinem eigenen Spielball unterwegs ist und nur das bessere Spielergebnis zählt. Sir Bunker brachte noch den sogenannten Greensome, den Vierer mit Auswahldrive ins Spiel und Lord Sandwedge den Chapman-Vierer. Reihum ging es weiter mit dem Florida Scramble, dem Texas Scramble und dem Louisiana Scramble sowie dem Vierball-Aggregat. Damit war man mit den bekanntesten Vierer-Spielen durch. „Ich kenne aber noch den Sunningdale-Zweier", rief Lord Driver, ein Spiel das die anderen noch nie gehört hatten, aber sie glaubten ihm, denn er war der Präsident des Clubs. „Ich kenne das Skin-Game", fiel Sir Bunker ein, denn ab und zu spielte er auch einmal mit Geschäftspartnern um Geld. Lord Sandwedge musste immer noch grinsen, denn schon wieder fiel ihm Lady Fairway ein.

Ja, und dann kamen bereits die selteneren Spielvarianten zu Ehren wie Snake, Disaster, Querfeldein, Cross-Country, Swing-Golf, Six-Point-Game, Wolf und sogar Mr. Greenfees Twin-Golf. Doch damit nicht genug, es folgten das Bindfadenwettspiel, Sandy, Gurgly, Nessie, Bridge und Bingo Bango Bongo. Letzteres brachte alle vier zum Lachen, denn nicht einmal Lord Sandwedge, der diese Variante erwähnt hatte, wusste zu diesem Zeitpunkt noch, ob es sich dabei wirklich um eine Variante des Golfspiels handelte oder um einen Tanz. Aber unsere Freunde waren noch lange nicht am Ende. Sir Bunker lief zu Hochform auf: „Eclectic, Double und Nassau!", rief er triumphierend, uneingedenk, dass ihm die Nennung von gleich drei der Varianten bei dieser Wette nur schaden konnte. Aber die anderen bemerkten dies gar nicht mehr. „Da gibt es noch den Prager und Battle Golf", rief Yip genauso ungeschickt. „Und was sagt ihr zu Arnies, Hogans und Barky?", schloss sich jetzt auch Lord Sandwedge der allgemeinen Verabschiedung von der Vernunft an. „Und was kennst du noch?", fragten die drei dann zuletzt Lord Driver. Siegesgewiss sahen sie ihn an, denn er war mittlerweile ganz still geworden, ungewöhnlich still, fast melancholisch. Er sinnierte in sein Whiskyglas hinein, oder knapp daneben, und sagte nichts. Nach einer langen Weile tat er doch noch den Mund auf und formulierte mit schwermütigem Ausdruck auf der Stirn nur ein Wort: „Minigolf."

Da wurde es ganz still, nicht einmal zu einem Grinsen brachte es Lord Sandwedge noch, Sir Bunker starrte unverständig zwischen allen hindurch und Yip begann vom Stuhl zu kippen, wurde aber zwischen Sir Bunker und Lord Sandwedge auf beiden Seiten, sowie Tisch und Wand von vorne und hinten gestützt. Ein plötzliches, röhrendes lautes Lachen riss die drei jedoch in dem Moment aus ihrer Lethargie, als Lord Driver angefangen hatte, sich vor Lachen zu schütteln. Einen Moment lang war er tatsächlich etwas wehmütig geworden bei all diesen Aufzählungen, wehmütig darüber, was man seinem schönen Sport so angetan hatte. Aber Minigolf – das war die Krönung, da durfte man wirklich wieder fröhlich sein, denn das war ja wirklich zu komisch!

Dem allem ist nichts mehr hinzuzufügen. Man stelle sich vor, dass alle diese Unarten immerhin den altehrwürdigen Namen der McGolfs in ihrer Bezeichnung tragen, was eine wenn auch nur ferne Verwandtschaft vermuten lassen könnte. Wie absurd! Und so gingen unsere Freunde an jenem Abend auseinander, mit Frohsinn im Herzen und jeder Menge Alkohol im Blut, froh über die Erkenntnis, was für einen wunderbaren schönen Sport sie mit dem Golfspiel doch hatten, und zwar mit dem Golfspiel in seiner ursprünglichen Form, so wie es schon der alte Lord Alan McGolf bei Gründung des ältesten Golfclubs der Welt, dem Most Ancient Golf Club Of St. Elsewhere, gespielt hatte.

26 › Die Geschichte von Fore, dem Schreihals

Warum rufen Golfer „Fore"? Selbst umfängliche und zeitaufwendige Recherchen in den großen Bibliotheken dieser Welt, internetbasierte Literatursuchen und heftiges Nachfragen bei Freunden bringen keine Klarheit auf diese Frage. Von selbsternannten Kennern der Materie wird uns in diesem Fall z. B. suggeriert, der Begriff „Fore" stamme von der Bezeichnung eines sogenannten „Forecaddies" ab, also eines Spielbegleiters, der in früheren Zeiten des Golfsports die Aufgabe hatte, den Spielern vorauszugehen, um die Lage der Bälle zu markieren. Und wenn ein Spieler seinen Ball in Richtung dieses Forecaddies fliegen sah, soll er diesen gerufen haben um ihn zu warnen. Und aus diesem Ruf, nämlich „Forecaddie!," soll dann im Laufe der Zeit abgekürzt der Ruf „Fore" geworden sein. Na ja.

Das ist natürlich blanker Unsinn. Wie immer müssen wir nur in das kleine Örtchen St. Elsewhere blicken, um die Wahrheit zu erfahren. Lochlann Fore war Caddie im Golfclub von St. Otherwise, einem Nachbar-Club von St. Elsewhere. Und er war ein guter Freund von Rescue, dem Caddie des Most Ancient Golf Club Of St. Elsewhere. Während man Rescue als Raubein aber auch als guten Kumpel kannte und seine Stimmung jederzeit gut einschätzen konnte, war Lochlann – irgendwie anders (schließlich kam er ja auch aus St. Otherwise). Wenn Lochlann auf dem Platz war und einem Clubmitglied helfend zur Seite stand oder auch einem Gast die Ausrüstung trug, dann lag immer eine gewisse Spannung in der Luft. Es knisterte, jeder merkte das, aber niemand konnte je in Worte fassen, was diese Spannung eigentlich hervorrief.

„Wer von uns beiden trägt denn nun dem anderen das Bag?", rief Lochlann seinem Freund Rescue lachend zu, als sie an einem besonders windigen Tag gemeinsam ein Spielchen wagten. „Na, du trägst natürlich meins", antwortete ihm Rescue, „schließlich sind wir ja hier in St. Elsewhere, auf meinem Terrain!"

Lochlann hatte eine kräftige Statur und schon von Natur aus ein lautes Organ, wahrscheinlich war er bereits in der Wiege immer deswegen am besten gefüttert worden, weil er am lautesten schreien konnte. Weder seine Eltern, noch seine Tanten und auch nicht seine acht älteren Geschwister konnten es lange ertragen, wenn er seine Stimme erhob, um irgendeinem Missfallen (zum Beispiel Hunger) Ausdruck zu verleihen. So war es dann auch später in der Schule immer Lochlann gewesen, der das Rugby-Team anführen durfte. Auf ihn hörten die Jungs am liebsten, er war ein Anführer, dem sie gerne folgten. Zu ihm hatten sie Vertrauen, er war stark, und vor allem war er laut. Egal was passierte – seine Stimme war immer und jederzeit präsent. Beim Militärdienst hatte man ihn auf hohe See geschickt. Dort konnte er sich mit seiner lauten Stimme gegen die lautesten Stürme behaupten. Zuletzt wurde er Golfspieler, und dann schließlich Caddie, weil er es liebte, auch auf größere Entfernungen Ratschläge geben zu können, die selbst im Kampf gegen den schottischen Wind jederzeit verständlich waren. Und die schottischen Winde können ganz schön stark und laut sein.

Beim Golfen – wo auch sonst – hatte er eines Tages dann Rescue kennen gelernt. Rescue war ihm sofort sympathisch gewesen. Ein Raubein wie er und ein guter Kumpel, auch beherrschte er einen hervorragenden, kräftigen Schwung, aber was das Wichtigste war: Im Lauf der Jahre hatte Rescues Hörvermögen altersbedingt (oder war der Whisky daran schuld?) etwas gelitten, sodass er der einzige Mensch auf der Welt war, der ihn ab und zu aufforderte, lauter zu reden, weil er etwas nicht richtig verstanden hatte. Das imponierte ihm, denn sonst musste er sich immer nur anhören, dass er nicht so schreien sollte. Jetzt waren die beiden Freunde also wieder einmal gemeinsam auf dem Platz, und es war richtig stürmisch geworden, also auch richtig laut, und Lochlann konnte sein Stimmorgan so richtig ausleben.

Fröhlich und laut begannen sie also ihr Spiel, und sie waren allein auf dem Platz, wie sie dachten. Es dauerte nicht lange, da hatte sich zwischen den beiden ein heftiger Wettstreit entwickelt, wer sich besser auf den Wind einstellen könne. Und so hatten sie beschlossen, heute kein reguläres Spiel zu spielen, sondern eine Variante, die neu und ungewohnt war (aber man war ja erfinderisch in dieser Gegend, siehe auch „Golf ist entwicklungsfähig" S. 23).

„Also, das kannst du nicht sagen, dass du dich heute besser auf den Wind einstellst als ich", rief Rescue seinem Freund zu. „Das würde ja bedeuten, dass du den Ball weiter schlägst als ich, und du weißt ganz genau, dass du exakt die gleichen Weiten hast wie ich!" Das stimmte. In mehreren direkten Vergleichen auf der Driving-Range hatten sie schon oft ihre Weiten verglichen, auch mit allen Sorten von Schlägern – ihre Weiten waren jedes Mal schon beinahe unfassbar identisch gewesen. „Wenn wir herausfinden wollten, wer heute weiter schlägt – wenn das überhaupt so ist –, dann müssten wir schon bei jedem Schlag auch vom selben Ort aus weiterschlagen. So ein paar Meter weiter links oder rechts im Semi-Rough kann da schon etwas ausmachen", antwortete ihm Fore. „Ja, gut, dann machen wir das eben!", gab Rescue zurück, und schnell hatten die beiden sich geeinigt, dass sie das heutige Spiel so gestalten wollten, dass sie nach jedem Schlag gemeinsam von der Stelle weiterspielen würden, wo der am weitesten geschlagene Ball lag (ein Spiel, das sie „Twin Golf" nannten; diese Variante hatte sich jedoch nie richtig durchsetzen können, geriet rasch in Vergessenheit und taucht deswegen auch nirgends in der internationalen Golfliteratur auf, Anm. des Verfassers).

Bereits ab Bahn Drei hatten sie sich angewöhnt, jedem Ball, den sie schlugen, ihren Namen hinterherzurufen, damit er weiter fliege als der des Gegenspielers. So war ständig entweder „Fore" oder „Rescue" zu hören. Die Luft unseres Most Ancient Golf Course Of St. Elsewhere war bald erfüllt von diesen vielen Rescues und Fores.

Und da passierte es. Das was alle Golfer fürchten wie einen Blitzschlag, nur dass man sich auf einen Blitzschlag noch besser vorbereiten kann. Vor dem Blitzschlag sieht man ja schließlich, wie das Unwetter aufzieht, man hört das Donnergrollen, wie es sich nähert, und man sieht erst das Wetterleuchten, dann einzelne Blitze. Derart vorbereitet kann man dann eine Schutzhütte oder das Clubhaus aufsuchen. Völlig unvorbereitet steht man jedoch einem Ereignis gegenüber, das jederzeit auf allen Golfplätzen der Welt stattfindet, und das ist ein Ball auf Abwegen. Ein solcher Ball, der nicht die vom Spieler gewünschte Richtung nimmt, ist für den Betreffenden meist nur ärgerlich, aber manchmal bedroht er eben auch Leib und Leben der Mitspieler, wenn er sich schnell und unbemerkt nähert. Und genau dies geschah jetzt auf Bahn Elf. Fore hatte eine weite Annäherung vor sich und stand noch hinter dem Hügel, der das geographische Ende des Platzes vor der Küste markierte. Ihm war zwar aufgefallen, dass ihnen inzwischen ein weiterer Flight gefolgt war, hatte aber nicht bemerkt, dass diese Spieler doch schon recht nahe waren, vom Grün der Bahn Sieben begaben sie sich gerade zum Abschlag der Bahn Acht.

Lochlann Fore lag inzwischen im direkten Vergleich mit Rescue zwei Punkte (in ihrer Zählweise des „Twin Golf") zurück und hob deswegen zu einem besonders schwunghaften und besonders heftigen Fairway-Schlag an. Wir wissen, dass sich gerade dann, wenn wir besonders weit schlagen wollen, gerne ein Fehler einschleicht, und so war es auch beim Profi Lochlann Fore. Lochlann schlug seinen Ball sehr weit, ja, das ist wahr. Aber unglückseligerweise stieg er zu hoch, wurde von einer heftigen Windbö erfasst und weit nach rechts abgelenkt. Nachdem er Fahrt aufgenommen hatte, nahm er so statt des erstrebten Grüns der Bahn Elf das Fairway der Bahn Acht ins Visier, und dort befand sich mittlerweile der andere Flight.

Pfarrer Godefroy McSaint hatte sich mit seinem englischen Kollegen und Freund, Pfarrer James Miller, an diesem stürmischen Tag ebenfalls zu einer Runde aufgemacht, und diese beiden waren jetzt in die Schusslinie geraten. Der Ball flatterte noch im Wind und hatte sich nicht entschieden, dann aber traf seine Wahl auf Pfarrer Godefroy. Land-Pfarrer sind meist sehr hellhörig, und so war auch Pfarrer Godefroy jemand, der Zwischentöne im Gespräch sehr gut wahrnahm, in diesem Fall aber hörte er nur ein seltsames, ihm bisher unbekanntes Geräusch. Schlagartig drehte er sich um und suchte die Quelle dieses seltsamen Tones. Es klang als hätte jemand „Fore" gerufen, aber das ergab ja keinen Sinn. Er musste sich getäuscht haben. Und als er so in die Richtung blickte, aus der dieser seltsame Ton gekommen war, da nahm er auch schon den kleinen, weißen Ball wahr, der sich ihm rasch näherte. Im letzten Augenblick konnte er sich bücken und entging einem Zusammenstoß, der ihm sicher sehr weh getan hätte. Jetzt sah er auch den Verursacher dieser Gefahr. Hinter dem Hügel kam Lochlann Fore jetzt hervor, aufgeregt und schwitzend, weil er gesehen hatte, wohin sein Ball steuerte.

„Vielen Dank, mein Lieber", rief Godefroy, „vielen Dank, dass du mich gewarnt hast. Fast hätte mich dein Ball getroffen. Das hätte schief gehen können! Aber sag einmal – was hast du da eigentlich gerufen? So was habe ich ja noch nie gehört, das klang wie „Fore! Hat das irgendeine Bedeutung?"

Lochlann Fore musste jetzt lachen, und Rescue half ihm gleich dabei. Es war ein raues Lachen der Erleichterung und auch der Freude darüber, dass Pfarrer Godefroy nichts passiert war. „Ich", rief Fore mit bekannt lauter Stimme, „ich heiße so. Lochlann Fore, ich bin der Caddy von eurem Nachbarclub in St. Otherwise!"

„Ach ja", rief da Pfarrer Godefroy, „von dir habe ich schon gehört. Und übrigens, du brauchst jetzt nicht mehr so laut zu schreien, du stehst ja schon neben mir." Und wieder mussten sie lachen, diesmal alle vier. Fore und Rescue klärten die beiden Gottesmänner über ihre heutige Spiel- und Zählweise auf, und Godefroy und James fanden diese so gut, dass sie an Ort und Stelle beschlossen, dies auch einmal auszuprobieren.

Wir wissen bereits, dass sich diese Spielweise nicht durchgesetzt hat, und dass es das „Twin Golf" heute nicht mehr gibt, aber eines blieb und hat sich auf allen Golfplätzen der Welt durchgesetzt: Wenn ein Ball auf Abwege gerät und versucht, einen Mitspieler zu treffen, dann ruft der Spieler, der dies verursacht hat, ganz laut „Fore", so laut, wie es der Schreihals Lochlann Fore seinerzeit an jenem denkwürdigen Tage getan hatte.

27 › Lady Fairways Traum Nr. 2

Lady Fairway hatte schon einmal einen Traum gehabt, der sie verwirrt hatte (verwiesen sei hier auf „Lady Fairway's Traum" S. 136). In diesem Traum hatte sie die Frage bewegt, ob das Golfspiel nun weiblich oder männlich sei oder gar neutral sein müsse. Sie träumte aber oft vom Golfen, und einen weiteren, für sie besonders bedeutsamen Traum, hat sie ebenfalls nie jemandem erzählt. Auch in diesem Traum ging es um Geschlechter-Zuordnung, aber in einem ganz anderen Sinne ...

Lady Fairway war zweifelsohne eine ungewöhnlich anmutige junge Dame. Nicht nur, dass sie außergewöhnlich hübsch war, und das nicht nur in den Augen der männlichen Bevölkerung von St. Elsewhere, auch die Frauen des Ortes fanden sie schön; nein, sie hatte zusätzlich noch so etwas Besonderes in ihrem Wesen, das man bei Menschen heute kaum noch findet, und wenn man es findet, dann nennt man es in der Regel anders: Sie hatte Liebreiz. Mit ihren vierundzwanzig Jahren war die Tochter von Lord Driver und Lady Iron bereits eine feste Größe im Club. Sie hatte ein Handicap von −11,1, befand sich auf einer stetig ansteigenden Leistungskurve auf dem Weg nach oben und war dazu überall ungeheuer beliebt wegen ihres außergewöhnlich freundlichen Wesens (vielleicht auch wegen der süßen Grübchen, die sich beim Lachen neben den Mundwinkeln bildeten). Ihre auffällig blonden halblangen Haare hatte sie manchmal zu einem Pferdeschwanz gebunden, manchmal aber ließ sie ihre Locken auch offen im schottischen Wind spielen. So oder so konnte der männliche Teil der Bevölkerung kaum den Blick von ihr wenden, manchmal wurde ihr dies richtig peinlich, obwohl sie es schon ganz gut ertragen konnte. – Das restliche Äußere an ihr wurde von ihren Verehrern schon so oft und so grandios bewundernd beschrieben, dass man es an dieser Stelle nicht noch einmal wiederholen muss: Sie war eine junge Göttin!

Lady Fairway hatte, seitdem sie denken konnte, regelmäßig vom Golf-spiel geträumt, und auch jetzt wieder hatte sie eines schönen Tages (bzw. eigentlich eines schönen Nachts) einen solchen Traum. Sie war diesmal ganz allein auf dem Platz unterwegs. Sie war in ihrem Traum frühmorgens im Nebel losgezogen, hatte ein schmales Tragebag mit nur zwei Schlägern dabei, das sie locker schwingend mal in der Hand, mal auf dem Rücken trug. Es war noch kühl gewesen, aber sie war leicht bekleidet, luftig und hell, Bluse und halblange Hose waren fast weiß. Sie schlenderte mehr, als dass sie einen kräftigen Golferschritt an sich hatte, fast hüpfte sie wie ein junges Mädchen, das spielend in den Frühling hineinspringt. Langsam hoben sich die Nebelschwaden, und zum Vorschein kam eine paradiesisch schöne Landschaft, die sie schnell als ihren Golfplatz erkannte. Vögel zwitscherten nah und fern, Bienen summten in den Büschen um sie herum und – ja, irgendwie war es schon der ihr vertraute Ort, aber irgendwie war auch etwas anders als sonst. Es war nicht beunruhigend, aber da gab es etwas Neues. Ihr Herz schlug heftiger als sonst, erwartungsvoller, die Atem-züge, die ihre Brust hoben und senkten, öffneten ihren Geist, mehr und mehr, und je wärmer es wurde, desto heftiger wurde dieses un-bestimmte Gefühl. Sie wurde innerhalb dieser Landschaft, die ihr so vertraut war, an einen Ort hingeführt, der ihr nicht bekannt war. Da hörte sie es zum ersten Mal. Ein leises Grollen, lauter werdend, näher kommend. Zuerst klang es ähnlich einem fernen Gewitter, aber das stimmte nicht. Da war ein Unterton, der hatte etwas Lebendiges. Ihre Neugier war groß, und dieses Geräusch machte ihr überhaupt keine Angst, im Gegenteil, sie suchte es. Da war es schon wieder. Es kam näher, und sie sehnte sich danach. Klang das wie das Brüllen eines Löwen?

Da nahm der Traum eine plötzliche Wendung. Das Geräusch war mit einem Schlag verschwunden, wie weggewischt. Alles war still, kein

Laut war zu vernehmen. Und da sah sie ihn. Er stand da wie ein Fels, auf der höchsten Erhebung des Golfplatzes, auf Bahn Zehn. Seinen Abschlag hatte er auf die leicht ansteigende Anhöhe in ideale Position gesetzt, so wie es selten einem der Clubmitglieder gelingt. Der Blick war frei auf das Grün, und jetzt stand er da, in Angriffsposition, das Fairway-Holz bereit zum Einsatz. Mit dem zweiten Schlag konnte er auf dem leichten Dogleg nach rechts das Grün erreichen. Er hatte sie gar nicht wahrgenommen, spielte sein Spiel, mit schlafwandlerischer Sicherheit, und er würde mit dem nächsten Schlag das Grün einnehmen, ob es nun von Bunkern, Rough oder Wasser verteidigt wurde oder nicht. Das war sein Ziel, und er würde es ohne Umschweife erreichen. Und so kam es auch: Mit einem bewundernswert eleganten und kräftigen Schwung legte er seinen Ball auf das Grün. Er entfernte den Flaggenstock, jetzt würde ihn nichts mehr aufhalten. Und mit einem ruhigen aber unbeirrbaren Putt lochte er ein. Lady Fairway war mittlerweile fast in Ohnmacht gefallen, so fasziniert hatte sie die Szene verfolgt.

Er hatte sie immer noch nicht entdeckt, nicht wahrgenommen, ja war sie denn unsichtbar? Er musste sie doch gesehen haben. Jetzt winkte sie ihm zu, versuchte laut zu rufen, aber kein Laut entrang sich ihrer Kehle. Sie wollte zu ihm laufen, aber ihre Beine waren schwer wie Blei und ihre Füße klebten am Boden. Verzweifelt versuchte sie sich zu befreien. Aber was tat er denn jetzt? Er wandte sich ab! Statt zu ihr zu laufen, sie hochzuheben und auf Händen zu tragen, hatte er sich umgedreht und machte sich daran, den nächsten Abschlag auf das Meer hinauszurichten. „Hier bin ich doch, hier geht es weiter, hier ist die Bahn Elf!", wollte sie rufen, aber immer noch blieb sie stumm.

Und plötzlich war er weg. Seinen letzten Abschlag hatte sie noch gesehen, und sie verfolgte den Ball. Er flog weit auf das Meer hinaus, stieg höher und immer höher, und immer schneller werdend verschwand er zuletzt in den Wolken und irgendwo in weiter Ferne würde er in das unendliche Meer stürzen. Vielleicht würde sie noch das Platschen hören, wenn er in die Fluten eintauchte, aber es gab keine Chance der Wiederkehr. Sie sah noch sein Bild, aber er, der Mann ihrer Träume war weg. Sein Gesicht war zunächst noch ganz klar vor ihren Augen geblieben: Die wachen, blauen Augen, die so viel Verständnis und Liebe auszudrücken schienen, die stürmische aber dennoch gepflegte Frisur mit leicht gewellten dunklen Haaren, die neckisch nach oben zeigende Mundwinkelspitze. Aber nach und nach wurde das Bild blasser, es entfernte sich auch von ihr, und wenn es sie nicht täuschte, wurde sein Gesichtsausdruck traurig. Schließlich war es ganz verschwunden, und da war nur noch Nebel, so wie am Anfang.

Tränenüberströmt wachte sie auf. Sie hatte geträumt wie ein junges Mädchen, das die Liebe entdeckt, und es war nicht die Liebe zum Golfen. Sie mahnte sich zum Ernst und stand auf, richtete sich für den Tag. Nach dem Frühstück hatte sie einen Termin im Ort wahrzunehmen, ihr Vater hatte sie um die Regelung einer kleinen Sache in der örtlichen Whisky-Destillerie gebeten.

Da war dann sicher auch der Besitzer wieder zugegen, dieser Lord Sandwedge. Der starrte sie immer so an. Sie mochte diesen Burschen nicht so richtig, auch wenn er auf seine Art irgendwie doch ganz nett war. Aber er schaute sie immer so an, als wären sie Mann und Frau. Na ja, sie würde es überstehen, und wenn er ihr zu viele Komplimente machte, dann würde sie ihm schon Bescheid geben. Und da sah sie ihn wieder. Da stand er neben seinem Bag, ein Fairway-Holz in der Hand und lächelte in die Kamera mit seinen blauen Augen und seinem verschmitzten Lächeln. Sie hatte die Zeitschrift „Time and Golf" aufgeschlagen, und auf Seite Fünf prangte ein ganzseitiges Bild vom amerikanischen Top-Golfer Lion Fields, dem besten Golfer aller Zeiten, dem Godfather of Golf.

Ihn hatte sie gesehen in ihrem Traum, er war der Löwe, den sie gehört hatte, er war derjenige, der sie hatte alleine stehen lassen. Was für ein Kerl! Aufatmend, fast seufzend legte sie die Zeitschrift zur Seite. Sie musste in die Whisky-Destillerie, zu Lord Sandwedge. „Lass es uns angehen, Heather!", dachte sie bei sich. „Mal sehen, was heute noch so alles passiert."

28 › Der arme Divot

Diese wie immer wahre Geschichte ist allen Greenkeepern dieser Welt gewidmet. Das Greenkeeper-Dasein hat zwei Seiten: Die eine Seite ist die, dass man den lieben langen Tag an der herrlichen Natur sein darf, frei und in inniger Verbindung mit Fairway und Grün. Die andere Seite ist die, dass man nicht alleine ist, sondern den Ort seines Schaffens mit anderen teilen muss. Und die anderen meinen es nicht immer gut mit dem armen Greenkeeper.

Poor Divot war der Greenkeeper im Golfclub des kleinen Örtchens St. Elsewhere. Divot war ein richtiger Naturbursche. In der Familientradition seiner Eltern auf dem Bauernhof aufgewachsen, war er von kräftiger Statur, wenn auch nicht besonders groß. Struppiges Haar umrahmte sein bartloses, grobschlächtiges Gesicht, und für jeden Besucher seines Golfplatzes hielt er ein einfaches, aber immer freundliches Lächeln parat. Ob er mit Vornamen wirklich Poor hieß, das wussten wahrscheinlich nur seine Eltern, und die konnte man nicht mehr fragen, die waren schon seit langem im Golfer-Himmel. Jedenfalls hieß er nicht nur so – er war bei seiner Arbeit auch wirklich arm dran! Und dies lag widersinnigerweise gerade an seiner innigen Liebe zur Natur.

Divot war verliebt in „seinen" Platz, anders konnte man es nicht nennen, so wie er ins Schwärmen geriet, sobald die Rede auf das Gelände des Golfplatzes kam. Nicht nur, dass er jeden Grashalm, jeden Busch, jede Wölbung des Fairways auf seinem Gelände kannte, alle diese Pflanzen und Gewächse waren wie Kinder für ihn, um die er sich kümmerte, die er aufzog, hegte und pflegte. Er brachte sie zum Wachsen und Gedeihen, und er sorgte dafür, dass sie sich bei ihm wohlfühlten. Da war es umso schlimmer, wenn irgend so ein Rüpel seinen Zöglingen einmal ein Leid zufügte, wie es nun mal beim Golfen passieren kann, wie wir wissen. Da trifft der Ball schon einmal einen Busch und bricht einen Ast, da zertritt der Spike-gespickte Golferschuh schon einmal ein Stück gut gepflegten Grüns, und da haut der kräftige Golfer bei einem Fairway-Schlag schon einmal ein kleines Rasenstück aus dem Boden.

So weit, so gut. „Dafür ist ein Greenkeeper nun mal da", dachte Poor Divot so bei sich, „aber ein bisschen mehr achtgeben könnten die schon!" Der einfache Golfer kann bei einem abgeschossenen Ast natürlich nichts Sinnvolles machen, hier kann allerdings auch der versierte Greenkeeper nichts bewirken. Bei einer Verletzung des Grüns durch heftige Spikeeinwirkung kann der Spieler auch nichts wieder gut machen, hier kann nur der Greenkeeper eine adäquate Reparatur vornehmen. Aber wie war das beim herausgeschlagenen Rasenstück?

Divot hatte bei seiner Arbeit schon viele interessante Beobachtungen machen können. So war ihm im Lauf seiner Gärtner-Tätigkeit für den Golfclub schon seit langem aufgefallen, dass der Grasbewuchs des Fairways nach einer Verletzung durch einen Golfschläger schneller heilte, wenn der Boden vor Austrockung bewahrt wurde. Nachdem es aber nicht immer regnete und die betreffende Stelle nicht immer feucht blieb, hatte er eines Tages aus einer Laune heraus auf Bahn Dreizehn ein herausgeschlagenes Rasenstück einfach wieder auf die frische Wunde zurückgelegt. Sonst hatte er diese Teile immer aufgehoben und entsorgt. In den nächsten Wochen hatte er beobachtet, dass dieses zurückgelegte Rasenstück auf Bahn Dreizehn etwas bewirkte: Es war zwar nicht wieder angewachsen, damit hatte er auch nicht ernsthaft gerechnet, darunter jedoch hatte sich der Grasbewuchs deutlich schneller und auch stärker erholt als unter den Stellen, die er offen und kahl gelassen hatte. Üblicherweise musste er diese immer neu besäen, auch dies war hier nicht mehr nötig. In der Folgezeit wiederholte er dies an mehreren Stellen, und jedes Mal war der Erfolg der Gleiche: Der Grasbewuchs kam schneller und besser wieder, und vereinzelt wuchs das aufgelegte Stück sogar wieder an. Mit dieser Erkenntnis begann sich Divot zu verändern. Während er zuvor immer fröhlich und freundlich war, mussten die Golfer des Clubs jetzt immer häufiger feststellen, dass er sie zu beobachten schien, vor allem bei deren Schlägen auf dem Fairway. Und wenn einer ein größeres Rasenstück aus dem Boden schlug, und er war in der Nähe, dann rief er ihm zu, er solle es gleich wieder an die Stelle zurücklegen, wo es gewachsen war. Dann würde sich das Fairway schneller wieder erholen. – Was für ein Blödsinn! Die Spieler des Clubs schüttelten zunächst den Kopf über die neuen, seltsamen Ansichten ihres Greenkeepers, erst verständnislos, dann milde lächelnd. Aber da er von allen wegen seiner ausgezeichneten gärtnerischen Fähigkeiten bewundert und wegen seiner Liebe zum Platz auch geachtet wurde, nahm man ihm auch seine versponnenen Ansichten nicht übel. Aber sie begannen, seinen Aufforderungen Folge zu leisten, so komisch diese auch waren, schaden konnte es schließlich nicht!

So kam es, dass bald jeder Golfer, der bei seinem (zweifellos gelungenen) Schlag ein kleines Rasenstück aus dem Boden schlug, von seinen Mitspielern an den Greenkeeper Divot erinnert wurde, falls er die kahle Stelle nicht sofort wieder mit dem herausgeschlagenen Stück bedeckte. Im Laufe der Zeit hieß es nur noch „Divot!", damit jeder daran erinnert wurde, was er zu tun hatte. Und so erhielt die schlagbedingte Verletzung des Fairways den Namen jenes Mannes, der sich darüber immer am meisten geärgert hatte, nämlich des Greenkeepers Divot vom Most Ancient Golf Club Of St. Elsewhere.

29 › Dr. Bounce und die Heilung von Lord Sandwedge

Was macht man denn, wenn der einzige Arzt vor Ort ein hervorragender Golfer, ein guter Freund, aber medizinisch betrachtet ein bestenfalls mäßiger Quacksalber ist? Na klar, man konzentriert sich auf das Golfspiel und wird nicht krank! Beim Golfspiel allerdings, da kann man seine Hilfe immer brauchen, und da erhält man sie auch.

Der Landarzt Dr. Hippocrite Bounce war wieder einmal da aktiv, wo man ihn am meisten brauchte, wo seine Hilfe so überaus geschätzt war, wo er hingehörte: Auf dem Golfplatz. Gemeinsam mit Lord Sandwedge stand er in einem Sandbunker und mühte sich redlich ab, seinen Ball, der gegen seinen Willen im Sand festgehalten wurde, die Freiheit wiederzugeben.

„Also sag mal, Arran", schimpfte der Doktor und fuchtelte mit seinem Schläger, einem Eisen Neun, wild vor sich hin und her. „Das, was sich Alastair (Sir Bunker, Anm. des Verfassers) da ausgedacht hat, das war schon ziemlich blöde. Schlimm genug, dass sich auf unserem schönen Golfplatz so viele Sandkuhlen befinden, aber dass er diesen Zustand auch noch kultiviert, indem er extra neue Kuhlen anlegt, und die auch noch besonders tief macht, das ist schon unglaublich dämlich. Ehrlich gesagt, verstehe ich ihn nicht." „Du weißt vielleicht nicht", zögerte Lord Sandwedge mit der Antwort, „dass Alastair mich gebeten hat, ihm einen Schläger zu bauen, mit dem er besser als alle anderen den Ball aus einer Lage im Sand quasi herausschaufeln kann. Nicht einmal mit dem kürzesten Eisen, einem Neun, kannst du so einen Ball wirklich sicher schlagen, also habe ich ihm vorgeschlagen, den Schlägerkopf ganz flach am Schaft zu befestigen, wie eine Schaufel oder einen Löffel. Du weißt ja, dass ich Hobby-Heimwerker bin, in meiner

Werkstatt habe ich so ein Gebilde zusammengelötet. Soll ich dir den neuen Schläger einmal zeigen?"

„Ja, aber sicher, natürlich, zeig mal!", sprudelte es aus Dr. Bounce heraus. „So was möchte ich sehen, das wäre ja eine tolle Sache, wenn deine Idee Erfolg hätte! Ein flacher Schläger, so etwas gab es ja noch nie! Ja, natürlich, das könnte eine ganz einfache Methode sein, den Ball aus dem Sand herauszuschaufeln, zeig mal her, das ist die Lösung!" Dr. Bounce überschlug sich mit Worten.

Lord Sandwedge hatte seinen selbstgebauten Schläger natürlich nicht bei sich, aber gleich nach dem Spiel gingen beide unter Missachtung von Loch 19 schnurstracks zu ihm nachhause, um das Wunderwerk zu betrachten. „So, hier ist das gute Stück!" Stolz präsentierte Lord Sandwedge seine Erfindung: Einen Schläger mit besonders flachem Schlägerblatt. Mehrere Tage hatte er dafür gebraucht, jetzt war er zufrieden. Dr. Bounce hielt den neuen Schläger erstmalig in der Hand, den Schaft in der Rechten und den Schlägerkopf in der Linken. Er betrachtete und begutachtete das gute Stück wie ein neues medizinisches Werkzeug, dessen Sinn er zwar verstand, mit dem er aber noch keine Erfahrung hatte. „Hast du den denn auch schon ausprobiert?", wollte er wissen. In seine Worte mischte sich leichte Skepsis, denn etwas seltsam sah dieser Schläger schon aus. „Warum hast du den Schaft denn so kurz gemacht?", wollte er wissen, „der sieht ja aus wie ein Kinderschläger!"

„Ja, ich weiß, mir gefällt er ja auch noch nicht so richtig", gab Lord Sandwedge zurück, „aber ich habe ihn ausprobiert, und mit einem längeren Schaft klappt es irgendwie nicht besonders gut. Erst wenn du stärker gebeugt über dem Ball stehst und dein Schwungradius kürzer wird, dann kannst du den Ball wunderbar aus dem Sand schaufeln. Ich habe schon richtig Übung darin, soll ich es dir einmal zeigen?"

„Ja, unbedingt!" Dr. Bounce wollte das neue Wunderwerk jetzt natürlich auch in Aktion sehen. Also gingen die beiden noch einmal zum Golfplatz zurück und Lord Sandwege nahm im größten der drei Übungsbunker seine Position ein, nachdem er einen Ball hineingeworfen hatte. Er nahm einen Stand ein, bei dem der Ball vor seinem linken Fuß lag, grub seine Schuhe tief in den feuchten Sand ein und beugte sich dann so weit vor, dass sein Schlägerblatt den Ball fast berührte. „Du musst nur aufpassen, dass du den Boden vorher nicht berührst, denn sonst klebt dir der Sand am Schlägerblatt und der Ballkontakt ist dann nicht so sauber (ein Verhalten, das heute zur offiziellen Regel geworden ist). Sein Schwung sah aus wie ein normaler Schwung mit einem langen Eisen, nur kürzer. Und auch der Ballkontakt klang ganz anders. Er versuchte, etwas Sand zwischen Schlägerblatt und Ball zu bekommen, deshalb spritzte er auch ungeheuer viel Sand in die Luft.

„Oh, entschuldige!", rief er erschrocken aus, „Ich hätte dich warnen sollen. Leider geht das nicht, ohne viel Sand mit aufzuwirbeln. Habe ich dich erwischt? – „Nein, nein", beruhigte ihn Dr. Bounce, „aber hast du denn nicht etwas in deine Augen bekommen?" Beide waren vom Sand mehr oder weniger verschont geblieben, aber trotz massiven Sandschleuderns, welches von reichlich Energie beim Schlag zeugte, war der Ball nicht aus dem Bunker hinausbefördert worden, nur der Sand.

„Also, irgendetwas passt noch nicht so richtig", meinte Lord Sandwedge, „manchmal wird der Ball vom Sand ganz sanft aus dem Bunker hinausgetragen, und manchmal bleibt der Schlägerkopf im Sand praktisch stecken! Ich habe schon verschiedene Schlägerkopfwinkel ausprobiert, es ist besonders schwierig, wenn der Sand feucht ist, aber im Prinzip ist es immer dasselbe. Es spielt auch keine Rolle, ob meine Schwungebene steil ist oder flach, manchmal klappt es einfach nicht! Das macht mich ganz krank!" „Hm", meinte Dr. Bounce, und machte sich Sorgen über die Gesundheit seines Freundes. Sein Hirn, welches gewohnt war, analytisch zu denken (auch wenn seine ärztlichen Künste, wie wir wissen, eher etwas begrenzt waren), durchdachte das Problem. Auf dem Golfplatz klappte das viel besser als bei der medizinischen Arbeit, und so hatte er auch bald einen therapeutischen Vorschlag parat. „Der Schlägerkopf ist unten ja so flach wie eine Schaufel. Der muss ja eigentlich im Sand stecken bleiben. Wenn er so rund wäre wie ein Löffel, dann könnte er vielleicht elegant durch den Sand durchgezogen werden, was meinst du?"

Lord Sandwedge verstand nicht sofort, wie Dr. Bounce dies meinte, aber der Vergleich mit dem Löffel leuchtete ihm ein. „Ja, das klingt vernünftig", sagte er schließlich, „ja, das kann ich mir vorstellen. Lass es uns einfach einmal versuchen. Und sie gingen zurück in die Werkstatt, zu den Hämmern und Bunsenbrennern, Lötkolben und anderen nützlichen Werkzeugen. Und Dr. Bounce machte sich ans Werk. Ein gewisses Geschick war ihm nicht einmal abzusprechen, so oder so ähnlich äußerte sich der kleine Heimwerker Lord Sandwedge.

Dr. Bounce hatte in der Werkstatt ein paar Kupferstücke zusammengesammelt, die noch von einer früheren Reparatur irgendeines anderen wichtigen Instrumentes übriggeblieben waren, und sie nach professionellem Erhitzen vor einem Bunsenbrenner kunstvoll auf die Unter- bzw. Rückseite des Schlägerblattes verbracht. Dann machte er sich an den Lötkolben, mit dem er die unebenen Stellen glättete, und nach Erkalten klemmte er den Schläger in einen Schraubstock, wo er das zusätzlich aufgebrachte Metallgebilde mit verschiedenen Feilen so lange bearbeitete, bis der Schläger so aussah, als hätte ihm jemand unten ein halbes Ei aufgeklebt und dann metallisch lackiert. Der Schläger war jetzt deutlich schwerer geworden, wie beide fanden, aber er ließ sich gut schwingen, und jetzt ging es wieder auf den Golfplatz, hinein in den Übungsbunker.

Und tatsächlich, bei gleichem Stand und gleichem Schwung, identischer Balllage und gleicher Feuchtigkeit des Sandes flutschte der Schlägerkopf jetzt elegant durch den Sand, er blieb nicht mehr stecken und katapultierte den Ball in hohem Bogen aus dem Bunker heraus. Und dies klappte nicht nur einmal, nein, es wurde rasch zur Routine, auch Dr. Bounce hatte den Bogen rasch heraus. Beide waren begeistert, und Lord Sandwedge war auch von seinen Sorgen befreit – er war geheilt, und zwar ganz allein durch die therapeutischen Künste seines Arztes.

„Also, das ist ja fantastisch!", voll des Lobs klopfte Dr. Bounce seinem Freund auf die Schulter. „Was du da geschaffen hast, ist einmalig. Ich schlage vor, diesen Schläger nach dir zu benennen. Ich denke, du hast es verdient, dass man diese Schlägerform „Sandwedge" nennt. Vielleicht machst du ja sogar noch viel Geld damit, über so einen Schläger freuen sich alle Golfer der Welt, und das sind ein paar!" „Oh nein, das glaube ich nicht!", lachte Lord Sandwedge, „So etwas wird sich nie durchsetzen, aber ich glaube, wir können das hier gut gebrauchen. Ich will mich gleich daran machen, noch ein paar davon herzustellen, zumindest einmal auch für dich einen und für mich einen, damit Alastair nicht alleine den Vorteil genießen kann. Ich schlage übrigens dann auch vor, den unteren Anbau nach dir zu benennen, denn ohne diese Wölbung, mit der das Schlägerblatt unter ganz anderem Winkel auf den Sand auftrifft, würde so ein Bunkerschlag nicht so gut funktionieren. Wir haben das ja gesehen."

Und seit dieser Zeit heißt im Golfclub von St. Elsewhere ein kurzes Eisen mit hohem Schlägerblattwinkel nur noch „Sandwedge", aber die spezielle Wölbung unten am Schlägerblatt, die nannte man Bounce. Nach und nach wurde die Herstellungstechnik verfeinert. Bei den ersten Exemplaren hatte sich nämlich nach einigen Schlägen der Metall-Anbau wieder abgehoben, bei anderen hatte sich das gesamte Schlägerblatt gelöst, war durch die Luft geflogen oder komplett im Sand steckengeblieben. Wie sich die Methodik in der Herstellung geändert hat, dies ist allerdings ein Geheimnis geblieben.

30 › Auf der Suche nach dem Sinn des Spiels

Liebe Leser! Meine Erzählungen in diesem Buch enden nun. Sie galten den McGolfs, einer liebenswerten Familie an der Ostküste Schottlands. Die McGolfs sind das Synonym für den Golfsport, sie sind Urheber und Erfinder aller Dinge die mit dem Golfspiel zu tun haben, sie sind das A und O des Golfens, das Maß aller Dinge. Zum Abschluss meiner Erzählungen über die McGolfs fehlt jetzt natürlich noch eine kleine aber wichtige Aufklärung, auf die alle schon gewartet haben, die Antwort nämlich auf jene Frage, die sich alle ernsthaften Golfer dieser Welt tagtäglich stellen: Die Frage nach dem Sinn des Spiels.

Man kann diese Frage im Stil eines gebildeten, zivilisierten und erwachsenen Menschen natürlich auch anders formulieren, etwa „Was soll das alles eigentlich? Da schleppe ich mühsam einen Sack mit schweren Schlägern auf dem Rücken über zehn Kilometer weit durch Wind und Wetter. Ziehe ihn auf kleinen Rädern über schwierigen Boden durch das Gelände, friere mich zu Tode oder schwitze meine Sünden aus. Schlage verzweifelt mit einem ungeeigneten Werkzeug nach einem viel zu kleinen Ball, um diesen dann irgendwo im Gebüsch oder im Teich wieder zu suchen. Falls ich ihn wiederfinde, was durchaus nicht immer der Fall ist, dann muss ich ihn weiter durch eine Landschaft befördern, die man ansonsten als ganz akzeptable, manchmal ja sogar schöne Natur bezeichnen könnte, wenn nur diese Mühsal nicht wäre. Und wenn ich den Ball dann endlich 500 Meter weiter in ein kleines Loch befördere, wo er nämlich vorübergehend hingehört, dann freuen sich nur die anderen, weil die nämlich weniger Schläge gebraucht und deswegen gewonnen haben.“

Wer jetzt sagt: „Das stimmt so aber nicht, damit kann ich mich aber gar nicht identifizieren, Golf ist doch so etwas sehr Schönes!“, usw. usw., der möge weiterlesen, denn er hat noch eine ganze Menge zu lernen. Wer aber sagt: „Ja, genau, das ist es, der Mann hat ja so recht!", der möge weiterlesen, denn er hat das Golfspiel nicht verstanden. Was ist denn nun der Sinn des Golfspiels? Der Stammvater der heute bekannten McGolfs, Lord Alan McGolf, hatte es einmal so formuliert: „Beim Golfen geht es nicht um Leben und Tod. – Es geht um sehr viel mehr!" Das kommt der Wahrheit schon ziemlich nahe, ist aber lange noch nicht präzise genug. Leben und Tod, ja, das sind schon gewaltig umfassende Dinge mit tiefen Bedeutungen, aber in ihrem unendlichen Umfang natürlich viel zu unscharf in ihrer Darstellung. Es fehlt die Präzision.

Die heutigen Angelsachsen sagen gerne: „Golf is just a four-letter-word!" Na ja, klingt irgendwie ein bisschen platt. Wenn diese vier Buchstaben wenigstens ein Akronym darstellen würden, wie „**G**ärtner **O**rdnen **L**ange **F**airways" oder „ **G**robmotorik **O**hne **L**ästiges **F**ergnügen", dann könnte man sich ja damit anfreunden, aber so richtig zufriedenstellend klingt das alles nicht.

Was könnte der Sinn des Golfspiels sein? Ich glaube, man braucht sich gar nicht so sehr viel Gedanken darüber zu machen, ob es sich bei dieser Beschäftigung um ein Spiel, einen Sport oder etwas ganz anderes wie z. B. um Arbeit handelt – oder etwa doch?

1) Schauen wir uns einmal an, welche Ziele diese Beschäftigung verfolgt und wie so ein Golfspiel aussieht (was wir natürlich alle zur Genüge wissen, aber trotzdem): Primäres Ziel ist es, einen Ball mit einem Schläger mit möglichst wenig Ballkontakten in ein dafür vorgesehenes Loch zu befördern, das Ganze in freier Natur. Man kann dies alleine oder in Gesellschaft von maximal drei weiteren Personen tun. Sekundäres Ziel ist es, dabei weniger Schläge zu generieren als die anderen, dann hat man nämlich gewonnen (s. a. 4).

2) Was sind die Voraussetzungen, die man mitbringen muss, um beim Golfen dabei zu sein? Unbedingte Voraussetzungen sind Freude am Ballspiel, Hingabe, Frustrationstoleranz sowie einige weitere so-

genannte „weiche" Kompetenzen und Eigenschaften, die es einem ungemein erleichtern, die Herausforderung Golf zu bestehen (s.a.3).

3) Was kostet es? Golfen kostet Geld, mal mehr, mal weniger: Man zahlt dafür, dass man einem Club angehören darf, man zahlt danach einen jährlichen Mitgliedsbeitrag und man zahlt auf fremden Plätzen eine Nutzungsgebühr, Greenfee genannt. Die Ausrüstung kostet Geld, mal mehr, mal weniger, ebenso die Verbrauchsmaterialien wie Bälle oder Handschuhe. Einige weitere Geldbeträge kommen dazu. Ferner aber kostet es Zeit. Ein Spiel kann drei bis fünf Stunden dauern, ohne Anfahrt, Umziehen und anschließenden Loch-19-Aufenthalt, mit oder ohne Essen. Nicht zu vergessen: Golf kostet Nerven (s. a. 2)!

4) Was bringt es uns? Ja, das ist die große Frage (s. a. 5)! Ich empfehle: Lesen Sie bei Gelegenheit noch einmal Kapitel 1 bis 29!

5) Was ist die Quintessenz aus 1–4): Eine Quintessenz, die man sich aus Überlegungen oder Erfahrungen heraus für sich selbst extrahiert, ist wertvoll. Quintessenzen, die einem vorgesetzt werden sind in der Regel langweilig. Das, was man bereits mehrfach durchgekaut hat, wird noch einmal in einer Zusammenfassung präsentiert, und man fragt sich wozu. Deshalb lassen wir das auch.

Liebe Leser, ich hoffe, meine Golf-Informationen, verpackt in kurze dokumentarische Geschichten über die McGolfs aus St. Elsewhere, also aus der Wiege des Golfsports, haben Sie ein Stück weitergebracht in der Beantwortung der Frage nach dem Sinn dieses Spiels. Vielleicht kennen Sie ja ganz andere Antworten als ich sie gefunden habe, in diesem Fall würde ich mich über Ihre Mitteilung freuen. Wahrscheinlich gibt es keine alleinige Wahrheit, und jeder hat seine eigene, richtige Antwort.

Was immer auch den Reiz, das Wesen und den Sinn des Golfsports ausmacht: Ich für meinen Teil habe jetzt jedenfalls genug von der Kontemplation. Ich gehe jetzt hinaus auf meinen schönen Golfplatz und spiele meine Runde!

31 › Was Sie schon immer über die McGolfs wissen wollten

Die McGolfs waren eine alte schottische Familie und gehörten einem alten schottischen Clan an (wobei bemerkt werden muss, dass alle schottischen Clans alt sind). Der engste Kreis dieser Sippschaft war die eigentliche Familie:

John Lord Driver McGolf (Lord Driver)
Der Hausherr, 61, stattliche zwei Meter groß, hat einen dicken, rotblonden, geschwungenen Schnauzbart und seit 30 Jahren wechselndes Hcp von −18 bis −20, Bauchansatz, polternd, verschmitzt, liebt neben seiner Frau auch noch das Golfspiel und den Whisky (die Reihenfolge ist ein Geheimnis). Alle nannten ihn einfach nur „Lord Driver", weil er den Ball trieb wie kein anderer.

Elisabeth Lady Iron McGolf (Lady Iron, die fünfte Lady Iron McGolf, nennt sich deshalb manchmal auch selbst Lady Iron 5.)
„Her Ironness", 54, streng, gut erzogen, Hcp −15, will unter −12 (und wird das auch irgendwann noch schaffen).

William Young Lord Socket McGolf (Lord Socket)
Sohn der beiden, 31, der schlechteste Spieler im Club, spielt deshalb auch selten, hat aber zwei begabte Söhne:

Chip (5) und Pitch (8)
Die beiden Enkel von Lord Driver, auf die er so richtig stolz ist. Haben schon eigene Schläger, einen eigenen Kopf und der Opa ist vernarrt in die beiden. Pitch hat bereits die Platzreife und ein Handicap, aber wie Chip immer zu Pitch sagt: „Ich will ein Handicap so alt wie ich bin, und du auch, dann bin ich immer besser als du!"

Heather Young Lady Fairway McGolf (Lady Fairway)
Tochter, 24, spielt alle in Grund und Boden, sehr attraktiv, lacht viel und gerne, Hcp –11.1, steuert einstellig an. Wird schwungvoll verehrt von Lord Sandwedge, interessiert sich aber mehr für den Schwung ihres großen Vorbildes, The God of Golf, den amerikanischen Superstar Lion Fields, von allen nur „Lion" genannt. Ihm durfte sie schon einmal die Hand schütteln. In der Mähne dieses Löwen würde sie schon einmal gerne kuscheln …

Und dann waren da wie gesagt noch die Mitglieder des ganzen restlichen Clans:

Der Clan

Lord Sandwedge, Arran, Earl of Teeshot, 35, Eigentümer der ortsansässigen Whisky-Distillerie. Sieht Lady Fairway gerne beim Schwung zu (sehr gerne, um ehrlich zu sein). Aber: s.o.

Rescue, der Caddy, 65, ein Raubein und guter Kumpel (Vorname unbekannt), kann 1 Flasche Whisky auf 18 Loch austrinken (dann ist die Flasche leer, deshalb haben wir in Schottland nicht mehr 21 Loch wie früher, sondern nur noch 18).

Miss Rough, Mary, die Haushälterin, unbekanntes Alter, resolut, darf in ihrer freien Zeit schon auch einmal beim Trainer „Stunden nehmen".

Mister Putter, Reginald, der Trainer (nannte sich gerne der „Personal Coach"), 48, kein Handicap, spielt regelmäßig Par-Runden, vergeistigt, guter Spieler, schlechter Lehrer, aber ein netter Kerl.

Sir Alasdair Bunker, 65, Geschäftsmann in Sachen Angus-Rinder, Bürgermeister von St. Elsewhere, immer mit etwas Pech im Spiel. Setzt seine Abschläge mit Vorliebe in eine der Sandkuhlen auf dem Platz, die daraufhin nach ihm benannt wurden.

Bonnie Bunker, die Gattin von Sir Alasdair Bunker. Gute Freundin von Lady Fairway und fast die zweite Mutter (was für Lady Iron nicht immer ganz leicht ist, auch wenn sie das nicht zugeben kann).

Sean, der Sohn des örtlichen Metzgers, kommt ab und zu ins Spiel, wenn Lord Driver die Jugendarbeit plant.

Loft (der Ernsthafte) und Mary (nicht Mary Rough), noch eine unglückliche Liebe, oder wird da noch etwas draus?

Gandolf McDruidear, die seltsamste Erscheinung des kleinen Örtchens St. Elsewhere. Die Älteren glauben, dass ihn Zauberei umgibt. Jedenfalls kann er aus schier aussichtsloser Lage manchmal zauberhafte Bälle schlagen.

Rob McMulligan, ein entfernter Verwandter aus der Stadt, alter Mogler, kommt eigentlich selten zu Besuch, es gibt allerdings Spieler, die behaupten, er sei ständig auf dem Platz.

Als Stammvater der heutigen McGolfs gilt der Ehrenwerte **Lord Alan McGolf**, der 1588 den berühmten „The Most Ancient Golf Club Of St. Elsewhere" gründete, in dem die meisten unserer Geschichten spielen (s. S. 171).

Nicht ganz sicher zum Clan gehörig, aber auch im Ort wohnhaft:

Mr. Jonathan Yip und seine **Frau Priscilla** („Die Ausländer"). Mr. Yip wäre eigentlich ein ganz passabler Golfer, wenn er nur nicht sein altes Leiden, ein Zucken in der Hand, hätte, vornehmlich beim Putten.

Pfarrer Godefroy McSaint, der gute Geist des Ortes und gleichzeitig recht passabler Golfer. Es wird vermutet, dass die McSaints weitläufig mit den McDonalds und damit indirekt auch mit den McGolfs verwandt sind, aber ob das so ist, das weiß nur der liebe Gott.

Der Golfclub

Jeder Golfer weiß: der älteste Golfclub und der berühmteste Golfclub der Welt, beide kommen aus Schottland. 1744 wurde von The Gentlemen Golfers Of Leith der erste offizielle Golfclub gegründet (heute The Honerable Company Of Edinburgh Golfers), und 1754 wurde, ebenfalls an der Ostküste, The Royal And Ancient Golf Club Of St. Andrews gegründet, der heute noch die offiziellen Golfregeln festlegt.

Weitgehend unbekannt ist hingegen, dass schon 1588 in St. Elsewhere, County Angus, ein privater Club von der Familie McGolf gegründet worden war, mit einem eigenen Platz: The Most Ancient Golf Club Of St. Elsewhere. Hier an dieser historischen Stätte spielen unsere Geschichten. Alle diese Geschichten sind wahr, und sie sind genauso real wie der Golfclub selbst. Die eine oder andere Begebenheit könnte aber auch erfunden sein, und Ähnlichkeiten mit lebenden Personen oder Größen des Golfsportes könnten durchaus gewollt sein.

Bahn 1:
Par 4, 388 m, Dogleg nach rechts
Name: „The Driver's Truth"

Bahn 2:
Par 5, 410 m, gerade, sehr welliges Fairway, nur ein Bunker, das Grün stark onduliert
Name: „The Hope"

Bahn 3:
Par 4, 308 m, gerade, leicht wellig, einige Bunker, davon einige als gemauerte Topfbunker, Doppelgrün mit Bahn 15
Name: Bislang namenlos (unter den Brüdern Chip und Pitch „Chip's Area" genannt)

Bahn 4:
Par 4, 323 m, gerade, Doppelgrün mit Bahn 14
Name: „Whisky's Revenge"

Bahn 5:
Par 4, 366 m, leichtes Dogleg nach links, das Grün etwas tiefer liegend, vom Abschlag nicht einsehbar, Doppelgrün mit Bahn 13
Name: „Big Trouble"

Bahn 6:
Par 3, 154 m, sehr schmales Fairway mit sehr hohem und dichtem Rough auf der rechten Seite
Name: „Devil's Rough" (außer wenn Pfarrer McSaint spielte, dann hieß die Bahn „Narrow Angel")

Bahn 7:
Par 4, 402 m, gerade, kaum hügelig, Doppelgrün mit Bahn 11
Name: „The Cross (Out)""

Bahn 8:
Par 4, 376 m, einige Bunker, darunter ein gemauerter tiefer Topfbunker rechts, 200 m vom Abschlag
Name: „Cattle's Horn"

Bahn 9:
Par 4, 349 m, leichtes Dogleg nach rechts
Name: „The Bounds"

Bahn 10:
Par 4, 391 m, bis zum höchsten Fairway-Punkt des Platzes leicht ansteigend
Name: „The Hill"

Bahn 11:
Par 4, 279 m, leichtes Dogleg nach rechts, Doppelgrün mit Bahn 7
Name: „The Cross (In)"

Bahn 12:
Par 5, 505 m, langgezogenes Dogleg nach rechts
Name: „Flight of the Earls"

Bahn 13:
Par 3, 128 m, sehr großes Doppelgrün mit Bahn 5
Name: „Big Double"

Bahn 14:
Par 4, 393 m, leicht ansteigende Bahn, Doppelgrün mit Bahn 4
Name: „Wind's Choice"

Bahn 15:
Par 4, 326 m, gerade, direkt am Meer gelegen, nur durch einen schmalen Strand vom Wasser getrennt, Doppelgrün mit Bahn 3
Name: „The Sea"

Bahn 16:
Par 4, 299 m, schmal, Grün verteidigt von hohem Rough und Ginsterbusch, stark unduliert
Name: „Homeward Bound"

Bahn 17:
Par 4, 357 m, gerade, sehr hügelig, viele Bunker. Stark unduliert
Name: „Alan's Hope"

Bahn 18:
Par 4, 321 m, gerade, wellig, einer der gemauerten Topfbunker ist berühmt, berüchtigt als „Score-Killer". Völlig planes Grün
Name: „The Tears"

Anmerkungen:

Viele der schottischen Golfplätze sind so angelegt, dass der Verlauf nach links, also entgegen dem Uhrzeigersinn zeigt. Nicht so der Platz in St. Elsewhere, hier geht der Golfer auf seiner Runde im Uhrzeigersinn.

Das Doppelgrün von Bahn Sieben und Bahn Elf wird deswegen „The Cross" genannt, weil von hier aus die Bahnen Sieben, Acht, Elf und Zwölf sternförmig zusammentreffen. Geographisch ist dies dem Umstand geschuldet, dass die Bahnen Acht bis Elf um einen Hügel herum angelegt sind „The Hill". Nirgendwo auf der Welt hat man später jemals einen Golfplatz wieder so angelegt. Auch hierin zeigt St. Elsewhere seine Einmaligkeit.

Parallel zur Straße, die den Ortskern von St. Elsewhere mit dem Golfplatzgelände verbindet, läuft von Alters her ein kleiner gewundener Creek, der nicht zu jeder Jahreszeit Wasser führt. Zwischen dem Grün von Bahn Zwei und dem Abschlag von Bahn Drei befindet sich deshalb eine schmale Holzbrücke (die witterungsbedingt alle paar Jahre ausgebessert werden muss). Auf Bahn Siebzehn, die von diesem Creek vollständig gequert wird, kann der Fremde eine herrliche, uralte Steinbrücke bewundern (der Golfspieler darf sie überschreiten), die unter Denkmalsschutz steht und nur bei Vorliegen von Gefahr für Leib und Leben und unter großen Auflagen, nur mit Genehmigung der britischen Krone repariert werden darf. Dies war in den letzten vier Jahrhunderten den Archiven zufolge nur drei Mal der Fall gewesen.

Die relativ große Anzahl von Doglegs kommt zum einen durch geographische Besonderheiten (verschiedene größere Rough-Bereiche, „The Hill" etc.) zustande, zum anderen aber auch dadurch, dass der Original-Platz 22 Bahnen hatte. Kurze Bahnen mit mehr Stopps. Man sagt, eine Flasche Whisky habe aber nur für 18 Bahnen gereicht, sodass man die Anzahl der Bahnen verkleinern musste. Verbürgt ist jedoch nur, dass auf Veranlassung von Lord Alan McGolf die Zahl der Bahnen im Jahre 1588 bei Gründung des Clubs auf 18 begrenzt wurde (Anm. des Verfassers).

Fachbegriffe aus der Welt der McGolfs – oder auch Glossar

Ich nehme ja an, dass die vorliegenden Geschichten nur von Golfern oder Golf-Interessierten gelesen werden, dennoch möchte ich es nicht versäumen, auf die Erklärung einiger Begriffe aufmerksam zu machen, die für das Verständnis einzelner Details und Pointen unerlässlich sind. Hier sind sie (in alphabetischer Reihenfolge):

Albatros Wenn drei Schläge eingespart werden, weil ein Ball besonders weit und gut fliegt (gut, weil er direkt ins Loch fliegt), so vergleicht man diesen Flug mit einem besonders eleganten Vogel (und zumindest im Flug ist ein Albatros die Eleganz an sich). Auch ist der Albatros der Glücksbringer der Seeleute, und man weiß ja: Auf hoher See, vor Gericht und auf dem Golfplatz ist man in Gottes Hand!

Ass Ein Ass ist eine einzigartige Karte, sie zählt in der Regel 11 Punkte, kann bei manchen Kartenspielen aber auch den Wert von 1 Punkt haben. Im Golfspiel jedenfalls erhält man nur einen Schlag angerechnet, wenn der Spieler den Ball mit 1 Schlag ins Loch verfrachtet.

Birdie Die kleinste Version der Vögel, die man beim Golfsport beobachten kann. Angeblich sehr häufig, bei genauer Betrachtung jedoch eher selten.

Bogey 1) Scott McBogey, bekannter Golfspieler. 2) Im Spiel das Gegenteil von einem Birdie. Manche Spieler ärgern sich darüber, die meisten sind froh, wenn sie ein Bogey spielen.

Bounce 1) Dr. Hippocrite Bounce, Golfspieler und Arzt im kleinen Örtchen St. Elsewhere. 2) Nach ihm benannter Winkel zwischen Sohle eines Wedge-Schlägers und dem Boden.

Bunker 1) Sir Bunker, bekannter Golfspieler. 2) Hindernis voller Sand, meist mitten auf dem Golfplatz. Wird vom spielenden Golfer häufig angesteuert, ähnlich wie der Sandkasten von spielenden Kindern.

Caddie Die wichtigste Person im Flight, derjenige mit der größten Ahnung, der größten Erfahrung und dem besten Verständnis für den Platz und seine Eigenheiten. Außerdem trägt er die Golfausrüstung.

Chip 1) Der jüngere Enkel von Lord Driver, fünf Jahre alt. Aufgrund seiner noch geringen Körpergröße besonders gut auf kurzen Entfernungen, vor allem wenn es darum geht, den Ball flach auf das Grün zu schlagen (Dieser Schlag wurde später nach ihm benannt, Anm. des Autors). 2) Eben dieser Schlag.

Club Abkürzung für Golf-Club, manchmal ist aber auch der Golf-Schläger damit gemeint.

Course Siehe auch Kurs, Golf-Kurs.

Divot 1) Greenkeeper des Most Ancient Golf Club Of St. Elsewhere, 2) Nach ihm benanntes Grasstück, welches vom Golfer aus dem Boden geschlagen wird. Leider meist zum Leidwesen des Greenkeepers auch nicht wieder aufgehoben und zurückgelegt wird.

Draw Flugbahn des Golfballs. Der Ball startet nach rechts und beschreibt eine leichte Kurve nach links. Gutartige Form des Hook (s. dort).

Driver Golfschläger mit großem Kopf, mit dem man besonders weit abschlagen kann, benannt nach seinem Erfinder, Lord Driver McGolf.

Eagle Deutsch: Adler, die kleinere Version des eleganten Albatros, fliegt nicht ganz so weit, sieht nicht ganz so gut aus, trifft aber immer noch unter Einsparung von zwei Schlägen ins Loch.

Fade 1) Earl of Fade (bürgerlich: Gandolf McDruidear), Golfspieler aus St. Elsewhere mit Rechtsdrall beim Gehen. 2) Ebenso Rechtsdrall, jedoch des Golfballes im Flug.

Fairway Herrlich weiches, wogendes Gelände der Links, wo man ursprünglich begann, Golf zu spielen. Benannt nach Young Lady Fairway McGolf, der äußerst hübschen Tochter von Lord Driver und Lady Iron. (Es soll Clubmitglieder geben, die schwören, dass es die Ähnlichkeit mit den Körperformen der jungen Lady war, die dem Gelände seinen Namen gab, Anm. des Autors).

Flight Eine Gruppe von Individuen, die sich zusammentut um Golf zu spielen. Grund ist häufig die Flucht vor dem Alltag (daher der Name, Flight = Flucht).

Golf Umständlicher Versuch, einen viel zu kleinen Ball mit unpassendem Werkzeug über eine viel zu lange Strecke in ein viel zu kleines Loch zu verbringen. Geschichtlich belegt ist die Tatsache, dass dies vom lieben Gott einem aufsässigen kleinen Volk im Norden Britanniens als Strafe auferlegt wurde, so für dies und das und für so manches an Unbotmäßigkeiten. Fälschlicherweise häufig als „Sport" oder sogar manchmal auch als „Spiel" bezeichnet.

Golf-Kurs Auch: Course. Kurs hat in diesem Fall nichts zu tun mit dem Wechsel-Kurs oder mit einem Lern-Kurs. Auf einem Lern-Kurs lernt man etwas, und schon deshalb hinkt die Analogie.

Handicap Eigentlich Bezeichnung für eine körperliche oder geistige Behinderung. Im Golfspiel Bezeichnung dafür, dass man für seine minderen Spielfähigkeiten auch noch mit Bonus-Punkten belohnt wird, sodass man einem wirklich guten Spieler gegenüber gleichgestellt wird. Völlig sinnfreie Regelung, die Briten wollen mit diesem (misslungenen) Hinweis auf Fairness nur davon ablenken, wie unfair das Spiel in Wirklichkeit manchmal sein kann, z. B. wenn man trotz bester Laune im Turnier eine miserable Runde hinlegt.

Iron Eisen, Eisenschläger, benannt nach Lady Iron, die am liebsten mit einem Schläger spielte, dessen Schlägerblatt aus Metall war.

Loft 1) Loft, der Ernsthafte, Spieler aus St. Elsewhere, 2) Neigungswinkel des Schlägerblatts.

Mc Bezeichnung für den Schotten an sich.

Mulligan 1) Rob McMulligan, entfernter Verwandter der McGolfs, alter Mogler. 2) Bezeichnung für die (Un-)Art, einen misslungenen

Abschlag zu wiederholen, ohne den ersten Schlag zu zählen (und schon gar nicht den fälligen Strafpunkt).

Par Bezeichnung für ein Spielergebnis, welches anzeigt, dass man professionell den Platzstandard spielen kann. Wie der Name sagt: Nur etwas für Profis, in Einzelfällen aber auch für Amateure, nur eben nicht auf allen Bahnen hintereinander.

Pitch 1) Der ältere Enkel von Lord Driver, acht Jahre alt. Schon ganz geschickt auf längere Entfernungen. So ist er z. B. sehr geschickt darin, den Ball auf mittelgroße Entfernungen in hohem Bogen auf das Grün zu schlagen, sodass er in der Nähe der Fahne liegen bleibt. 2) Eben dieser Schlag.

Pro Abkürzung für Professional. Siehe auch Mr. Putter, Trainer, in anderen Sportarten auch Coach. Cheftrainer ist der Head-Pro, weiblicher Trainer: Proette, betrunkener Pro: Prosit.

Pull Flugbahn des Golfballs. Der Ball startet nach links und bleibt auf einer schönen geraden Bahn, was allerdings nicht viel nützt, da er ja zu weit links aufkommt.

Putter 1) Trainer des Golfclubs der McGolfs, The Most Ancient Golf Club Of St. Elsewhere. Riesiger Freund, winziger Pädagoge, aber guter Spieler. Hat einen eigenen Schläger entwickelt, mit dem man besonders gut auf dem Green spielen kann. 2) Eben dieser Schläger.

Rabbit Golfneuling, aber auch Kaninchen (nicht Hase).

Rescue 1) Caddy des The Most Ancient Golf Club Of St. Elsewhere, entwickelte eine besondere Schlägerform. 2) Eben dieser Schläger.

Rough 1) Mary Rough, Haushälterin der McGolfs. Ist ziemlich rau und vor den Ohren schlecht rasiert, sodass böse Zungen den langen Bewuchs am Fairwayrand nach ihr benannt haben. 2) Eben dieser Bewuchs.

Rookie Golfneuling (nur in Bezug auf Top-Profis, sonst s. Rabbit).

Runde Golfspiel über 18 Bahnen (früher, in der Vor-McGolf-Ära auch 22 Bahnen).

Sandwedge 1) Lord Arran Sandwedge, Earl of Teeshot, entwickelte einen Schläger mit flachem Schlägerblatt für Sir Bunker, um den Ball aus einer Sandkuhle zu befördern. 2) Eben dieser Schläger.

Score 1) Dr. Reginald Score, achtet besonders immer auf ein korrektes Spielergebnis. 2) Eben dieses.

Slice 1) Capitain Hook McSlice, mit besonderer Vorliebe, den Ball in einem Bogen nach rechts zu schlagen. 2) Eben diese Flugbahn.

Socket 1) Lord Socket McGolf. 2) Ein unmöglicher Name, den man selten hört. Niemand will ihn kennen, und dennoch erscheint er immer wieder auf dem Golfplatz. Die Abneigung gegen diesen Namen liegt angeblich daran, das Lord Socket McGolf, seines Zeichens schlechtester Spieler des Clubs, der unselige Sohn von Lord Driver, die Angewohnheit hat, den Ball beim Abschlag nie richtig zu treffen, sodass er in alle Richtungen fliegen kann. Man kann vorher nie sagen, wohin der Ball fliegen wird.

Spin Auch Backspin. Drehrichtung des Balles nach hinten.

Stableford 1) Lord Andrew Stableford, 2) Dr. Frank Barney Gordon Stableford. Beide (nicht verwandten) Namensvettern hatten die gleiche Idee einer „gerechten" Zählweise bei Golfturnieren.

Swing 1) Reed McSwing, 2) Schwung (engl.)

Teeshot Eigentlich der Abschlag (Tee = Abschlagsplatz). Geschichtlich möglicherweise abgeleitet von Tea = Tee (Getränk). Der Erfinder des stark abgeflachten Schlägers, den man benutzt, um den Ball aus dem Sandbunker hinauszubugsieren, Lord Sandwedge, war nämlich ein geborener Earl of Teeshot, einer Familie von Teeliebhabern, und der Name dieser Familie leitet sich ab vom Ausruf „Tea is hot", der Tee ist heiß!

Trolley 1) Seumas McTrolley, 2) Gefährt zum Transport des Golfbags.

Weite Das, was wir alle gerne hätten: Gemeint ist die Entfernungsangabe vom Abschlag bis zu dem Ort, an dem der Ball zur Ruhe kommt. In den vorliegenden Geschichten sind übrigens alle Entfernungs- und andere Längenangaben, genauso wie die Angaben zu Gewichten im metrischen System angegeben, was die Bewohner des kleinen schottischen Örtchens St. Elsewhere zwar ärgert, aber zum besseren Verständnis der europäischen Leser beiträgt. Ich werde bei einem meiner nächsten Besuche in St. Elsewhere diesbezüglich noch um Verzeihung bitten.

Whisky Für einen Schotten unerlässlicher Begleiter auf dem Golfplatz, ähnlich wie der Caddy (siehe dort). In anderen Regionen als „Zaubertrank" bekannt.

Yip 1) Mr. Yip, Spieler von St. Elsewhere mit der unangehmen Angewohnheit, beim Putten mit der Hand zu zucken. 2) Eben dieses Zucken.

Und zuletzt noch:

Ähnlichkeiten von Figuren oder deren Namen sowie Örtlichkeiten zu Personen oder Institutionen des öffentlichen Lebens, vor allem des Golfsports sind eher unwahrscheinlich, aber möglicherweise auch durchaus gewollt.

Danksagung

In allererster Linie möchte ich mich bei Frau Rachel de Heuvel vom KOSMOS Verlag bedanken, die rasch erkannt hat, welch überragende Bedeutung den McGolfs für den Golfsport zukommt und die mir daneben aber auch mit ihrem ehrlichen Interesse und der raschen Zusage für die Herausgabe meiner Kurzgeschichten in Buchform eine riesige Freude bereitet hat, schließlich ist es mein erstes Buch.

Bedanken möchte ich mich auch bei all den an dieser Stelle ungenannt Gebliebenen, die mich mit ihrer offenen Kritik immer ermuntert haben, weiterzuschreiben, z. B. mit den Worten: „Das ist ja wirklich gut, erstaunlich – für einen Arzt!" Wahrscheinlich war dies der entscheidende Antrieb, der den Wechsel vom Beruf des Heilers zum Beruf des Schreibers bedingt hat.

Ein ganz besonderer Dank jedoch geht an meinen alten Freund John, Lord Driver McGolf. Ohne dich und die tatkräftige Mitarbeit deiner Familienmitglieder und deiner Freunde hätte dieses Buch nie entstehen können!

Meiner lieben Frau und Golfpartnerin Petra,
ohne dich wäre es mir nicht so schnell gelungen,
die vorliegenden Kurzgeschichten
in ihrer abschließenden Form zu vollenden,
und für unsere Kinder:
Für Sarah, die mir gerade als Nicht-Golferin
wertvolle Tipps für die erzählerische Umsetzung
meiner Ideen gab,
für Alexander, auch wenn er mich mit
seinem mächtigen Schwung mehr an John Daly
als an Lord Driver erinnert, für seine Unbekümmertheit,
und für Hendrik, der auf dem Papier
immer noch ein Handicap von 35 hat, obwohl er 17
(„ich habe ein Handicap so alt wie ich bin") spielt.

Charles Lindsay
More Lost Balls

128 S., 91 Abb., €/D 29,90
ISBN 978-3-440-12497-0

„'More lost balls'
wird allen Golfern
reichlich Vergnügen
bereiten.“
Fair-Way-Magazin

Golfer haben's nicht leicht. Golfbälle aber auch nicht. Erst werden sie geschlagen, und dann müssen sie an den unwirtlichsten Orten darauf warten, dass es endlich weitergeht. Sie plumpsen ins Wasser, donnern in den Sand oder landen im Baum. Nach seinem Welterfolg „Lost Balls" hat sich Fotograf und Golfer Charles Lindsay noch einmal auf die Pirsch begeben und ist in die geheime Welt der verlorenen Golfbälle vorgedrungen, die nie ein Mensch zuvor betreten hat.